W0229443

Adios, Hotel Mama!

Text, Redaktion und Satz: Komma Redaktionsbüro, Karben
Gestaltung und Illustrationen: Paradox, Harald Bäz, Bad Hersfeld

Gesamtherstellung: VEBU-Verlag GmbH, Berlin
Die Schreibweise entspricht den Regeln der neuen Rechtschreibung.

ISBN 3-85680-575-3
Besuchen Sie uns im Internet: **www.vehlingbuch.de**

Margit Mering (Hrsg.)

Adios, Hotel Mama!

**Über 1.000 Tipps
für den Single-Haushalt!**

Vehling Verlag
Berlin • Werl i.W. • Basel • Graz

Inhalt

Behörden und Formalitäten

Herzlichen Glückwunsch – Sie haben Ihre erste eigene Wohnung gemietet. Neben der Tatsache, dass Sie die neuen Räumlichkeiten behaglich einrichten wollen und das zweifellos eine Menge Arbeit – aber auch Spaß – macht, müssen Sie ein bisschen Schriftverkehr erledigen und auf die eine oder andere Behörde gehen, das macht auch Arbeit, aber weniger Spaß!

Die neue Adresse

Ihre Adressänderung ist anzugeben beim Einwohnermeldeamt, Arbeitgeber, Finanzamt, Universität, Schule, Arbeitsamt etc., Wasser-, Gaswerk oder Elektrizitätswerk, GEZ, Postamt, Versicherungen, Bausparkasse, Bank, Vereine, Zeitschriftenverlag (bei Dauerabonnements). Natürlich müssen Freunde, Bekannte und Verwandte Bescheid wissen!

Denken Sie unbedingt daran, dass Sie Ihr Telefon beantragen müssen. Richten Sie für regelmäßige Überweisungen (Strom, Miete, GEZ, Telefon etc.) am besten einen **Dauerauftrag** ein.

Wie zieht man kostengünstig um?

Heuern Sie aus dem Bekannten- und Verwandtenkreis die nötige Mannschaft an und mieten Sie sich ein Transportauto oder fragen Sie beim Studentendienst nach Hilfskräften.

Wenn Sie eine **Spedition** verpflichten wollen, vergleichen Sie die Angebote. Die Kosten, die Zahlungsweise und der Wert der Möbel (wegen der Transportversicherung) müssen im Vertrag mit dem Spediteur schriftlich festgehalten werden, ebenso, wer das Umzuggut einpackt und wer die Möbel ab- und aufbaut. Selber packen kostet zwar nichts, aber bei Beschädigung ist man nicht versichert. Vermerken Sie auf den Umzugskartons, für welchen Raum sie bestimmt sind. Vor dem Umzug wird ordentlich ausgemistet. Ziehen Sie keinen Ballast mit um. Und ziehen Sie möglichst nicht zum Monatsersten um, da sind die Spediteure meist überlastet.

Was ist wichtig beim Mietvertrag?

Achten Sie darauf, welche **Nebenkosten** wie Heizung, Warmwasser, Flur- und Straßenreinigung, Müllabfuhr usw. aufgeführt sind. Was nicht im Mietvertrag steht, braucht der Mieter nicht zu zahlen. Bevor Sie sich ein **Haustier** anschaffen, klären Sie ab, ob der Vermieter die Tierhaltung gestattet. Ist der Mieter laut Mietvertrag zu **Schönheitsreparaturen** verpflichtet, muss er sie durchführen. Für Schönheitsreparaturen – das sind sämtliche Anstriche sowie das Tapezieren innerhalb der Wohnung – gibt es folgende Richtwerte: Küche, Bad und Dusche alle 3 Jahre, Wohn- und Schlafräume, Flur, Diele, Toilette alle 5 Jahre, andere Nebenräume alle 7 Jahre. Ein Mieter, der während der Mietzeit laufend Schönheitsreparauren durchführt, ist nicht verpflichtet, beim Auszug die Wohnung komplett zu renovieren, auch wenn das so im Mietvertrag festgehalten ist. Wenn Sie kündigen wollen, müssen Sie die **Kündigungsfristen** beachten. Überreichen Sie die schriftliche Kündigung am besten persönlich oder schicken Sie sie per Einschreiben. Bei **Auszug** muss die Wohnung in einem bewohnbaren Zustand übergeben werden, wenn im Mietvertrag nichts anderes ver-

einbart ist. Haben Sie zum Beispiel Wand-
schränke, Regale, einen Wasserboiler, eine Küche
eingebaut oder Teppichboden verlegt, kann der
Vermieter darauf bestehen, dass Sie alles aus-
bauen. Er kann aber auch verlangen, dass die
Sachen drinbleiben und zahlt Ihnen dann eine
angemessene Entschädigung. Am besten ist es,
vor den **Einbaumaßnahmen** mit dem Vermieter
abzuklären, was bei Auszug mit den Einbauten
geschieht. Das ist auch wichtig beim Verlegen
eines Teppichbodens, da oft Türen gekürzt werden müssen und neue Türen sind teuer. Um uner-
freuliche Diskussionen zu vermeiden, fertigen
Sie zusammen mit dem Vermieter ein **Woh-
nungsübergabeprotokoll** an, in dem die ord-
nungsgemäße Übergabe der Wohnung bestätigt
wird. Wer sich über Mieten und Mietverträge
schlau machen will, erkundigt sich beim **Deutschen Mieterbund**.

Was sind die AGB?

Das sind die Allgemeinen Geschäftsbedingun-
gen, die meistens als das Kleingedruckte auf

Rückseiten von Bestellscheinen, Rechnungen etc. zu finden sind. Vorsicht: Lesen Sie das **Kleingedruckte** immer gut durch, bevor Sie etwas unterschreiben; Unwissenheit schützt nämlich nicht vor Schaden! Möglicherweise werden Sie durch den Schaden klüger, sicher aber ist, dass Sie ärmer dabei werden. Das gilt auch beim **Kauf an der Haustür!** Dazu gehören alle Geschäfte, die auf bestimmten Freizeitveranstaltungen, am Arbeitsplatz, in Verkehrsmitteln oder auf der Straße abgeschlossen werden. Seien Sie kritisch und vorsichtig! Wer wegen der AGB Probleme hat, kann sich bei der **Verbraucherzentrale** erkundigen, die es in jedem Bundesland gibt. Wenn Sie einen **Kaufvertrag** abgeschlossen haben, müssen Sie die **Zahlungsquittung** 3 Jahre aufheben. Bei Ratenzahlungen 3 Jahre über die letzte Rate hinaus. Denn Sie müssen in der Lage sein zu beweisen, dass Sie bezahlt haben. Wichtige Briefe sollten Sie stets **per Einschreiben mit Rückschein** versenden. Ohne Rückschein kann nicht bewiesen werden, dass der Empfänger die Mitteilung auch erhalten hat.

Einrichten und Wohnen

Manche fühlen sich im „Jaffa-Anbauprogramm",
also in einer mit Apfelsinenkisten und Lagerre-
galen improvisiert eingerichteten Wohnung,
wohl. Die Regel ist das nicht. Die meisten jungen
Leute haben eine genaue Vorstellung davon, wie
die erste Wohnung eingerichtet sein soll: funktio-
nell, praktisch und gemütlich. In den seltensten
Fällen ist das Geld vorhanden, um sich von
Anfang an die Traummöbel anzuschaffen. Doch
wenn man die Einrichtung einer Wohnung schon
zu Beginn in allen Einzelheiten plant, kommt
man nach und nach ans Ziel.

So unterschiedlich die verschiedenen Wohnun-
gen geschnitten sind und auch eingerichtet werden – es gibt konkrete Regeln, Maße und Anord-
nungen, die immer wiederkehren. Das ist nicht
verwunderlich, denn die Bedürfnisse und Kör-
permaße der Menschen sind ziemlich gleich.
Daher gibt es **Normmaße** für Wandhöhen,
Türen, Möbel, Gardinen, Teppiche und vieles
andere. Wer diese Regeln kennt und mit Raum-
größen und -flächen umgehen kann, ist in der

Lage, vor dem Kauf von Möbeln zu überprüfen, ob sie in und zu der Wohnung passen und sich auch später in einer anderen Wohnung problemlos wieder aufstellen lassen.

Bei der Einrichtung einer Wohnung sind der Fantasie keine Grenzen gesetzt. Es sind auch nicht nur die großen Elemente, die einen Raum prägen, sondern viele Details wie Bilder, Lampen, Blumen oder Grünpflanzen. Durch die Auswahl der passenden Accessoires kann man einer Wohnung auch schon mit wenigen Möbeln, die nach und nach ergänzt werden, einen eigenen Stil geben.

Gut in Form mit Farben

Bevor mit der Möblierung eines Raumes begonnen wird, muss die Farbe der Wände und des Fußbodens bestimmt werden. Warme Farben wie Rot, Braun, Beige und Gelb bringen Gemütlichkeit in ein Zimmer. Aber sie können den Raum auch optisch verkleinern, weil warme Farben dem Betrachter „entgegenkommen". Kalte Farben wie Blau, Grün oder Violett lassen einen Raum optisch größer erscheinen, können aber auch einen kühlen, distanzierten Eindruck vermitteln. Solche Farben werden häufig für die Gestaltung sehr eleganter Räumlichkeiten verwendet. Daneben gibt es die Kombinationen von Hell und Dunkel, die, geschickt eingesetzt, einen Raum optisch erweitern, eine Decke herunterziehen oder eine Wand verkürzen können. Dabei gilt: dunkle Farben verkürzen, helle erweitern. Will man solche Effekte erreichen, ist es vorteilhaft, Ton in Ton zu arbeiten, d. h. einen Raum in ein und derselben Farbe zu halten, diese aber in den Farbnuancen abzustufen.

Von Tapeten und Bildern

Für Räume, in denen man sich häufig und länger aufhält, sollte man unaufdringliche Tapetenmuster und Farben wählen. Durchgangsräume können „belebter" sein. Beachten Sie auch, dass aufrechte Tapetenmuster Räume höher erscheinen lassen. Es gibt Tapeten in unterschiedlichen Qualitäten für die unterschiedlichsten Beanspruchun-

gen. Man unterscheidet wasserfeste, wasserbe-
ständige, hoch waschbeständige, scheuerbestän-
dige und gut lichtbeständige Tapeten. Eine wichtige Einkaufshilfe ist das **RAL-Gütezeichen**.
Tapeten mit diesem Zeichen enthalten weder
FCKW, noch gesundheits- und umweltschädi-
gende Lösemittel oder leicht flüchtige Weichma-
cher. Sie enthalten keine Schwermetalle und
keine giftigen Farbpigmente.

Beim Aufhängen von **Bildern** sollten Sie, abgesehen davon, dass die Bilder die Wohnung harmonisch ergänzen sollten, ein paar Regeln beachten. Über zierlichen Möbeln sollten Sie keine zu großen Bilder hängen, da das Möbel sonst „erschlagen" wird. Umgekehrt ist es genauso. Mehrere kleine Bilder hängt man als geschlossene Gruppe auf, wobei man darauf achtet, dass trotzdem jedes einzelne Bild zur Geltung kommt. Der Hintergrund der Wand sollte ruhig sein. Ist er unruhig, können Passepartouts um die Bilder dafür sorgen, dass sich die Bilder von der Wand abheben. Bilder sollten in Augenhöhe – sitzend oder stehend – angebracht werden.

Das Material ist entscheidend

Je nachdem, wie stark die Wohnungsausstattung beansprucht wird, müssen auch die Materialien hierfür bestimmt werden. Der **Teppichboden** ist zum Beispiel im Schlafzimmer einer anderen Belastung ausgesetzt als in der Diele. Qualitätsteppiche sind auf ihre Belastbarkeit geprüft und mit dem **Teppich-Siegel** versehen. Man unterscheidet Qualitäten für den Ruhebereich mit einer geringen bis mittleren Beanspruchung; für den Wohnbereich mit mittlerer bis stärkerer Beanspruchung und für den Arbeitsbereich mit starker bis stärkster Beanspruchung. Es gibt Teppichböden, die stuhlrollen-, treppen- oder feuchtraumgeeignet (z. B. fürs Badezimmer) sind. Achten Sie auch darauf, ob der Boden antistatisch ist. Sicher wollen Sie nicht dauernd einen kleinen „elektrischen Schlag" bekommen. Für die Farbwahl des Teppichbodens gilt die Faustregel: Bei hellen Tönen ist die Verschmutzung größer, bei dunklen geringer. Melierte oder gemusterte Beläge sind unempfindlicher als einfarbige. Gerade in einer Mietwohnung ist es ratsam, weder helle noch einfarbige Teppichböden zu verlegen. Denken Sie daran, dass Sie auch wieder ausziehen und der Boden dann noch einigermaßen gut aussehen soll. Dieser Gesichtspunkt spielt auch beim Verlegen eine Rolle. Fest verklebte Böden lassen sich nicht einfach auswechseln. Sie müssen regelrecht herausgerissen werden. Bei Flächen bis zu 30 m^2 ist das Verspannen oder lose Verlegen ratsam. Das Material wird nicht so sehr angegriffen und lässt sich gut entfernen. Ebenso können Sie den Boden mit einem Spezialklebeband auf dem Unterboden befestigen. Heute ist **Laminat** sehr modern. Wenn Sie also schon den Bodenbelag erneuern wollen, überlegen Sie diese Möglichkeit. Laminat können Sie wie Teppichboden ganz leicht selbst verlegen. Es wird verklebt oder im Klick-System befestigt. Laminatböden mit diesem System sind etwas teurer als die zu verklebenden, aber es lohnt sich; Sie haben wesentlich weniger Arbeit und können einzelne Bohlen bei Schadhaftigkeit auswechseln, was bei verklebten Böden nicht funktioniert. Für Laminatböden werden spezielle Reiniger angeboten; Sie kommen aber mit einem ganz normalen Allzweckreiniger genauso gut klar. Wichtig ist, dass Sie Laminatböden nie nass, sondern nur leicht feucht wischen dürfen. Stellen Sie auch nie Grünpflanzentöpfe ohne Untersetzer auf den Boden. Durch die Gießfeuchtigkeit kann sich das Laminat heben und geht kaputt. Weitere Alternativen zum Teppichboden sind **Linoleum**,

Kork oder auch **Fliesen**. Eine komplett gefliese Wohnung wirkt etwas kalt und ist es tatsächlich auch. Hier sollten Sie Teppiche im Wohn- und Schlafraum verteilen, damit es Ihnen nicht an kuscheliger Fußwärme fehlt. Was die Reinigung und Strapazierfähigkeit betrifft, sind Fliesen einfach optimal.

Unter **Raumtextilien** versteht man neben Teppichen Gardinen, Vorhänge, Rollos, Möbelbezüge, Tischdecken, Tagesdecken, Überwürfe, Lampen- und Wandbespannungen sowie Textiltapeten. Kleine Räume verlangen helle Textilien mit zurückhaltenden Mustern, große Räume vertragen auch auffallendere Muster und dunklere Farben. Mithilfe von Vorhängen können Sie die Proportionen der Fenster optisch korrigieren. Vor dem Gardinenkauf messen Sie die Fenster aus und zwar nach Höhe, Breite und gewünschter Gardinenlänge. Für Gardinen ohne Muster rechnet man die dreifache, für gemusterte die zwei- bis zweieinhalbfache Fensterbreite. Bei Platzmangel an den Fensterseiten oder bei Dachfenstern sind Stoffrollos gut, bei dunklen Räumen nimmt man besser Scheibengardinen. Vorhänge sollen in Farbe, Struktur und Musterung zu Tapeten, Teppichen und Möbeln passen – kaufen Sie die Gardinen ganz zum Schluss! **Qualitätsgardinen** und -vorhänge sind auf Farbentreue, Verhalten beim Waschen und Pflegeeigenschaften geprüft; beachten Sie die Herstellerhinweise.

Synthetische Stoffe sind pflegeleicht und können sofort nach dem Waschen knitterfrei aufgehängt werden. Allerdings ziehen sie den Staub schneller an als Naturmaterialien und müssen entsprechend häufiger gewaschen werden. Grundsätzlich sollten Gardinen die Heizkörper nicht verdecken, damit die Wärme ungehindert in den Raum strahlen kann. Beim Auf- und Abhängen der Gardinen sollten Sie eine sichere Trittleiter benutzen; hier ist schon mancher sehr unglücklich abgestürzt!

Die **Kombination von Materialien** sollte dem Stil des Raumes angepasst sein. Zu einer rustikalen Einrichtung passen beispielsweise Holz,

Sisal, Baumwolle oder Leinen. Zu Stilmöbeln harmonieren Glas, Seide und Florteppiche.

Das Wohnzimmer

Das Wohnzimmer ist heute zu einer Art „Allzweckraum" geworden und entsprechend wird es eingerichtet. Zunächst mit einer bequemen **Sitzgarnitur** oder Polsterelementen, die sich kombinieren lassen. Ideal ist, wenn sich eine der Sitzflächen in ein **Gästebett** verwandeln lässt. Denken Sie unbedingt an den Gästeschlafplatz, Sie glauben gar nicht, wie häufig Sie Übernachtungsgäste haben werden! Passend zur Sitzgruppe werden die **Ablagemöglichkeiten** gewählt. Kleine Tische haben den Vorteil, dass man sie jederzeit dort platzieren kann, wo sie gerade gebraucht werden. Will man z. B. Bücher im Wohnraum unterbringen und benötigt zusätzlichen Stauplatz, sind **Regale**, Schränke oder eine Schrankwand unverzichtbar. Wer den **Fernsehapparat** oder die **Stereoanlage** im Schrank oder Regal unterbringen möchte, muss auf den richtigen Blick- bzw. Hörwinkel zur Sitzgruppe achten.

Denken Sie auch daran, dass Sie dafür Steckdosen hinter dem Regal brauchen! Bei kleinen Räumen ist es angebracht, die einzelnen Elemente entlang der Wand anzuordnen, damit in der Mitte ein Freiraum verbleibt. Bei langen und großen Räumen sollte man Inseln schaffen, um den Raum aufzulockern. Auch **Raumteiler** bieten viele interessante Möglichkeiten. Nicht zu unterschätzen ist die Notwendigkeit eines großen **Tisches**, an dem es sich essen, reden, spielen und arbeiten lässt. Dabei ist es gleich, ob er in der Küche oder im Wohnzimmer steht. Wichtig ist, dass die Höhe für den Esstisch 72 cm und für den entsprechenden Stuhl 42 cm beträgt. Dann sitzt man bequem und entspannt. Pro Person ist beim Essen ein Bewegungsraum von 60 cm Breite und 40 cm Tiefe zu beachten, damit Geschirr, Gläser und Besteck gut untergebracht werden können. Die Größe des Tisches richtet sich danach, welche Funktionen er erfüllen soll. Wenn Sie nur sehr selten Gäste bewirten, reicht ein kleinerer Tisch, der sich durch Aufklappen oder Ausziehen vergrößern lässt.

Das Schlafzimmer

Ungefähr ein Drittel seines Lebens verbringt der Mensch im **Bett**. Das sollte also von bester Qualität und bequem sein. Je besser die Qualität von Lattenrost und Matratze ist, desto erholsamer und gesünder ist der Schlaf. Matratzen verlieren nach 8–12 Jahren ihre Elastizität und es bilden sich Mulden. Dadurch können Schäden an der Wirbelsäule entstehen und Atmung und Kreislauf beeinträchtigt werden. Es wird also höchste Zeit für einen Neukauf. Denn am Bett sollte keinesfalls gespart werden! **Tipp:** Es gibt waschbare Matratzenüberzüge. Schweiß- und andere Flecken kommen so nicht auf die Matratze und außerdem ist die ganze Angelegenheit sowieso hygienischer. Allergikern seien diese Bezüge besonders ans Herz gelegt! Durch das Waschen werden Staub und Milben beseitigt, die die Hauptauslöser von Allergien sind. Sparen Sie auch nicht am **Kopfkissen** und an der **Bettdecke**. Ob Sie Federbetten, Naturfaserfüllungen oder synthetische Faserfüllungen wählen, ist Geschmackssache – kuschelig und bequem muss es sein! Oberbett und Kopfkissen werden morgens aufgeschüttelt und eventuell am Fenster oder auf dem Balkon gelüftet – natürlich nicht bei Regen oder nebligem Wetter! Vermeiden Sie auch direkte Sonneneinstrahlung, damit – falls es sich um Daunenfüllung handelt – die Federn nicht brüchig werden. Bettdecken aus synthetischem Material können gewaschen werden, andere bringt man in die Reinigung.

Der größte Schrank der Wohnung – der **Kleiderschrank** – steht meist im Schlafzimmer. Er muss hängende und liegende Kleidungsstücke, Wäsche und Decken aufnehmen können. Am besten ist eine Kombination mit Kleiderstange, Fächern und Schubladen. Stapel- oder Hängekörbchen schaffen zusätzliche Nutzflächen. Bei kleinen Zimmern sollte man bei der Neuanschaffung eines Kleiderschrankes darauf achten, dass er Schiebetüren hat.

Wer den Platz hat, ergänzt die Schlafzimmereinrichtung durch eine kleine **Sitzecke** oder einen

Schreibplatz. Wenn es hierfür nicht reicht, stellen Sie in jedem Fall einen Stuhl oder Sessel ins Schlafzimmer. Hier können Sie abends vor dem Schlafengehen erst einmal Ihre Kleider deponieren. Vergessen Sie aber später das Aufhängen nicht!

Die Wäsche-Grundausstattung

Sie brauchen ganz einfach ausreichend Bett- und Tischwäsche sowie Hand- und Küchentücher, damit Sie häufig genug wechseln können. Notwendig sind: 1–2 Kopfkissen, eventuell 1–2 Kuschelkissen oder Nackenrollen, 4 Kopfkissenbezüge, 4 Bettbezüge, 4 Bettlaken, 1–2 Schlafdecken, 12 Frottierhandtücher, 6 Gästehandtücher, 2 Badetücher, 6 Waschlappen, 10 Geschirrtücher, 6 Küchenhandtücher, 2 Topftücher, 2–4 Topflappen, 2 weiße Tischtücher, 6 Stoffservietten, 2 Kaffeedecken mit passenden Servietten, 4–6 Platzsets.

Die Küche

Eine Einbauküche muss **millimetergenau** geplant werden. Ideal ist es, wenn sich der Küchenplaner die Küche vor Ort ansehen kann und auch da den Plan oder das Aufmaß macht. Die **Arbeitsplätze** in der Küche müssen so rationell wie möglich gestaltet werden, um unnütze Wege zu vermeiden. Eine zentrale Rolle spielt das **Kochzentrum**. Links und rechts vom Herd müssen genügend Abstellflächen zur Verfügung stehen. Für die **Anrichte** sollten 90–100 cm zur Verfügung stehen. Zwischen **Herd** und **Spüle** sollten wenigstens 60 cm Arbeitsfläche eingerechnet werden. **Edelstahl** ist immer noch das empfehlenswerteste Material für die Spüle. Es ist von fast unbegrenzter Lebensdauer und rostfrei. Von Emaillebecken in einer Mietswohnung ist eher abzuraten; das Emaille kann abplatzen und die Schadstelle ist nicht mehr vernünftig zu reparieren. Ein **Geschirrspüler** verbraucht weniger Energie und Wasser als das Spülen von Hand. Die Anschaffung ist zumindest bedenkenswert. Wer nicht gerne einkaufen geht oder nicht wegen jeder Kleinigkeit aus dem Haus will, sollte sich einen **Vorratsschrank** zulegen. Wenn dort, wo Sie wohnen, der Müll getrennt werden muss, denken Sie bereits in der Küche daran. Hier sollten für organische, anorganische und Recyclingabfälle die entsprechenden **Mülleimer** stehen. Sehr praktisch ist der Einbau eines Müllkarussells, das extra für die Mülltrennung entwickelt wurde. Bedenken Sie, die beste Küchenplanung ist nicht viel wert, wenn Sie zu wenig Steckdosen eingeplant haben!

Das Badezimmer

Das Badezimmer sollte nahe beim Schlafzimmer liegen. Grundsätzlich ist die Trennung von Bad und WC besser, aber das extra Gäste-WC ist in Mietwohnungen meist noch immer purer Luxus.

Zur Ausstattung des Badezimmers gehören das **Waschbecken**, ein **Duschbecken** oder/und eine **Badewanne**, die **Toilette** und eventuell ein **Bidet**. Achten Sie auf einen beschlagfreien **Spiegel** oder Spiegelschrank und auf Ablagemöglichkeiten für Kleider, ausreichend **Haken** für Frottiertücher und Waschlappen. Das Bad sollte wenigstens halb hoch, der Bereich um die Dusche voll gefliest sein. Sollte Ihr Vermieter Ihnen ein Bad anbieten, das nicht gefliest ist, sprechen Sie mit ihm ab, ob er die Kosen für das Fliesen übernimmt oder streichen Sie das Bad mit wasserabweisender, abwaschbarer Latexfarbe. Die oft nüchterne Atmosphäre des Badezimmers können Sie durch farbige Möbel und Textilien, Grünpflanzen und anderen Schnickschnack auflockern. Bedenken Sie aber: Jedes Extra muss auch sauber gehalten werden!

Die Grundausstattung der Küche

Was man wirklich braucht von A bis Z

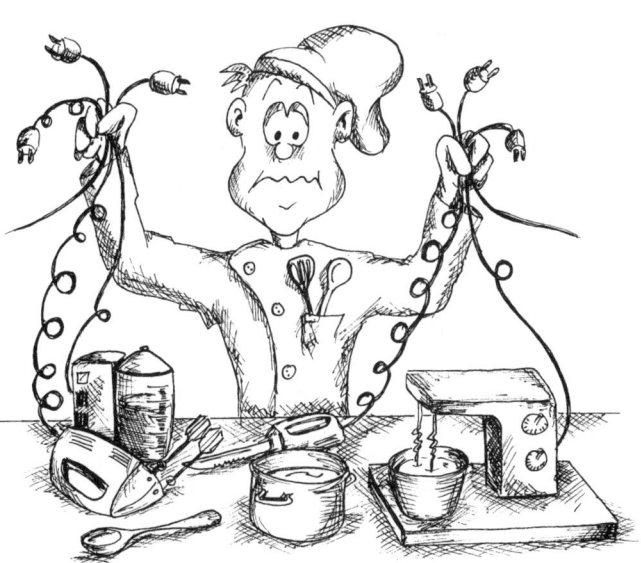

Es kommt ganz darauf an, ob Sie gern kochen oder nicht. Wenn Sie nicht kochen wollen, kommen Sie mit einer Minimalausstattung in der Küche klar. Das Kochen zu lernen, lohnt sich aber in jedem Fall. Auf die Dauer ist der Restaurantbesuch einfach zu teuer und alternativ ist der dauernde Fast-Food-Verzehr schrecklich ungesund.

Um vernünftig in der Küche arbeiten zu können, braucht man eine gute **Grundausstattung**. Diese sollte zumindest beinhalten:
1 Kaffeeservice, 1 Isolierkanne, 1 Essservice, 1 Kuchenplatte, Besteck, Gläser, 1 Küchenmesser-Set, 1 Auflaufform, 2 Backformen, 4 Kochtöpfe, 2 Bratpfannen, davon eine mit Deckel, 1 Schnellkochtopf, 1 Milchtopf, 1 Wasserkessel, 1 Satz Küchenschüsseln, 2–3 Küchenbretter, 1 Kaffeefilter, 1 Teesieb, 1 Drahtsieb, 1 Dosenöffner, 1 Flaschenöffner, 1 Korkenzieher, 1 Küchenschere, 1 Messbecher, 1 Mixbecher, 1 Pfannenwender, 1 Schöpfkelle, 1 Schneebesen, 1 Kartoffelstampfer, 2–3 Kochlöffel, 1 Zitronen-

presse, 1 Küchenreibe, 1 Kurzzeituhr, 1 Küchen-
waage, 1 Kaffeemühle, 1 Brotkasten, 1 Tablett,
1 Mülleimer.

Was man wofür braucht, wird nachfolgend auf-
gelistet und erklärt. Auf die Nennung spezieller
Elektrogeräte haben wir verzichtet. Es bleibt
Ihnen überlassen, ob Sie sich diese anschaffen
möchten. Wir raten Ihnen in jedem Fall zum
Kauf einer **Kaffeemaschine**, eines **Eierkochers**
und eines **Toasters**. Eine Küchenmaschine ist
etwas für einen großen Haushalt. Für Sie wäre
ein **Handrührgerät** empfehlenswert und eventuell ein **Pürierstab**. Beachten Sie, dass Kleingeräte mit motorischem Antrieb oder mit Behei-
zung niemals ins Spülwasser, sondern nur feucht
abgewischt werden dürfen. Bringen Sie Ihre
Kleingeräte dort unter, wo sie benutzt werden.
Schützen Sie die Geräte vor Fall und Hitze. Lassen Sie bei Handgeräten niemals die Kabel über
den Herdstellen liegen; sie könnten verschmoren.

Auflaufformen

Auflaufformen müssen nicht nur hitzefest sein, sondern auch formschön, da die Gerichte mitsamt der Form auf den Tisch kommen. Für Gratins werden flache Formen verwendet; Soufflés werden in hitzebeständigen, höheren Porzellan- oder Glasformen zubereitet. Bei allen Formen darf das Einfetten nicht vergessen werden. **Aus Keramik oder Porzellan:** Diese Formen sind sehr attraktiv und eignen sich auch für die Mikrowelle. **Aus feuerfestem Glas:** Hierin kommen die Schichten eines Auflaufs besonders gut zur Geltung. **Aus Gusseisen oder Edelstahl:** Diese Formen leiten die Wärme gut weiter; die Garzeiten können sich dadurch etwas verkürzen und die tischfertigen Gerichte bleiben länger heiß. **Aus Ton:** Die Formen dürfen nicht in den vorgeheizten Backofen gestellt werden, ohne zuvor mit Wasser übergossen worden zu sein. Die Keramik saugt die Feuchtigkeit auf und trocknet so im Ofen nicht aus.

Ausstechförmchen

Sie gehören zur Ausstattung der Backküche, dienen aber ebenfalls zum Ausstechen von Nudelteig, geformten Canapés oder zur Herstellung von Garnierungen. Vorteilhaft sind Metallförmchen.

Backbrett

Die Arbeitsfläche für das Verkneten des Teiges sollte aus festem, glattem Holz sein.

Backformen

Backformen sollten unabhängig vom Material vor der Verwendung immer mit Wasser und ohne Spülmittel gereinigt werden. Nach dem Backen sollte die Form sofort in klarem, heißem Wasser eingeweicht werden; Backreste lassen sich so problemlos entfernen. Beim Kauf der Formen sollte darauf geachtet werden, dass sie möglichst aus einem Stück gefertigt sind und wenig Nähte haben, in denen sich der Teig festsetzen kann. Vor dem Einfüllen des Teigs müssen Backformen eingefettet werden, es sei denn, es handelt sich um Formen mit Spezialbeschichtung.

Formen aus **Weiß- oder Schwarzblech** sind preiswert, leicht, trotzdem stabil und in allen Formen und Größen erhältlich. Formen aus Schwarzblech sind nicht kratzfest.

In **Glas- und Keramikformen** bräunt das Backwerk langsamer, aber gleichmäßig. Das Material speichert die Wärme relativ lange und verträgt keine großen Temperaturschwankungen. Also nach dem Herausnehmen aus dem Backofen niemals auf eine kalte Unterlage stellen. **Beschichtete Formen** mit „Antihafteffekt" gibt es in verschiedenen Materialien und Größen. Bei älteren Formen sollte man auf das Einfetten dennoch nicht verzichten, da die Beschichtung leicht beschädigt oder abgerieben sein könnte und sich der Kuchen dann nicht ohne Rückstände herauslösen lässt. **Gugelhupfform:** Schmuckform für Hefeapfkuchen. **Kastenform:** Für das Backen von Rührkuchen und Broten. Auch in ausgefallenen Formen wie Sterne, Herzen, Tiere etc. erhältlich. **Obstbodenform:** Besonders geeignet für Biskuit- und Mürbeteige, aber auch für Tartes. **Rehrücken- und Savarinform:** In der Rehrücken-Schmuckform wird der gleichnamige Rührkuchen gebacken; die Savarinform wird für Hefekränze verwendet. **Springform:** Für Tortenböden und Obstkuchen.

Backpinsel
Zum Einfetten von Formen und Backblechen.

Besteck
Für die Grundausstattung werden ein Essbesteck, evtl. ein Fischbesteck und ein Kaffeebesteck benötigt. **Kaffeebesteck:** 6 Kaffeelöffel, 6 Eierlöffel, 6 Kuchengabeln, 1 Tortenheber, 1 Sahnelöffel, 1 Zuckerzange.
Essbesteck: 6 Gabeln, 6 Esslöffel, 6 Messer, 2 Wurst- oder Fleischgabeln, 2–3 Gemüselöffel, 1–2 Salatbestecke, 1 Saucenlöffel, 1 Suppenkelle.

Bratpfannen
Aus Edelstahl: Edelstahlpfannen, möglichst mit Kupferboden, leiten die Hitze gleichmäßig und können hoch erhitzt werden. **Aus Gusseisen:** Diese Pfannen haben ähnliche Vorteile wie die

aus Edelstahl, sind aber schwieriger zu reinigen, da sie rosten können. Möglichst nach Gebrauch einölen. Zudem sind sie recht schwer und nicht für Glaskeramikkochflächen geeignet. **Mit Kunststoffbeschichtung:** Diese Pfannen eignen sich zum fettlosen Braten und werden besonders für die Zubereitung in der Diät-Küche empfohlen. Allerdings lässt die Haltbarkeit der Beschichtung nach: Sie kann leicht zerkratzt werden. Für manche klassischen Brattechniken sind diese Pfannen ungeeignet. **Aus Kupfer:** Kupferpfannen sind ideale Wärmeleiter und werden von Profiköchen benutzt. Kupfer bildet mit Säuren giftige Verbindungen, daher müssen die Innenseiten verzinkt oder mit Edelstahl ausgekleidet sein. Kupferpfannen sind für alle Herde geeignet, aber sehr teuer in der Anschaffung. Gern werden sie zum Flambieren verwendet, da sie schön aussehen. **Vorsicht:** Bei Preiswert-Produkten sind oft die Pfannengriffe nicht isoliert und werden extrem heiß.

Dosenöffner

Zum Öffnen von Dosen und Deckeln. Wer viel aus Dosen verzehrt, ist mit einem **elektrischen Dosenöffner** gut bedient.

Edelstahlschüsseln

Notwendig ist ein Satz Schüsseln, bestehend aus mindestens 3 Teilen, zum Aufbewahren, Verrühren, Anmachen, für das Wasserbad. Edelstahlschüsselsätze werden in vielen Größen angeboten.

Edelstahlsiebe

Metallsiebe können zwar im Laufe der Zeit rosten und müssen daher nach der Benutzung sofort gereinigt und abgetrocknet werden, sie sind aber sehr stabil und verziehen sich bei sehr heißen Zutaten nicht. Es werden fein- und grobmaschige Siebe angeboten. Auch für das Waschen von Gemüse, Obst und Salat werden sehr gern Metallsiebe verwendet. Für das Passieren von Saucen sind **Spitzsiebe** am geeignetsten. Ein kleines **Handsieb** wird für Puderzucker benötigt. **Teesiebe** werden ebenfalls aus Metall angeboten.

Eisportionierer

Zum Abstechen von Eiskugeln. Vor dem Portionieren in heißes Wasser tauchen.

Elektrogeräte

Es wird eine Vielzahl von Elektrogeräten angeboten, nicht alle sind dringend notwendig für die Grundausstattung. Praktisch ist ein **Pürierstab**, um Saucen aufzuschlagen, Gemüse, Früchte oder Suppen zu pürieren. Ein **Handrührgerät** erleichtert die Arbeit ungemein, beispielsweise beim Schlagen von Eiweiß zu Eischnee oder beim Teigrühren.

Entsteiner

Kirschen oder Pflaumen werden in die Mulde des Entsteiners gelegt und durch Druck auf den Entsteinerknopf oder -hebel entsteint.

Flaschenöffner

Mit dem flachen Öffner werden Kronkorken geöffnet; mit dem Korkenzieher werden Weinflaschen geöffnet.

Fleischgabel

Nicht nur zum Wenden und Herausnehmen von Braten und anderen Fleischstücken ist die große Gabel notwendig. Sie dient auch zum Prüfen des Garstadiums.

Geflügelschere

Zum Tranchieren verschiedener Geflügelsorten.

Gemüseraspel, -reiben und -hobel

Zum Schneiden von festen Gemüsesorten wie beispielsweise Karotten, Rettich, Salatgurken oder Radieschen. Beim **Trüffelhobel** ist die Klinge verstellbar. Feine **Raspeln** benutzt man für Sellerie, Karotten, Äpfel oder zum Abreiben von Zitrusschalen. **Reiben** müssen sofort nach der Benutzung gründlich gereinigt werden; auf den fest sitzenden Rückständen können sich leicht Bakterien ansetzen. Grobe Raspeln benutzt man für Kartoffeln. Die **Muskatreibe** dient dem Reiben von ganzen Nüssen.

Geschirr

In der Regel besteht eine Grundausstattung aus einem Kaffeegeschirr und einem Essgeschirr für jeweils 6 Personen. Wer mag, legt sich noch ein Teeservice zu. Dabei sollte an ein zum Service passendes Stövchen gedacht werden.

Kaffeegeschirr: 6 Dessertteller, 6 Untertassen, 6 Tassen, 1 Milchkännchen, 1 Zuckerdose, 1 Sahneschale, 1 große und 1 kleine Kaffeekanne, 1 Tortenplatte, 1 Butterdose, 6 Eierbecher, 2 Marmeladentöpfchen.

Essgeschirr: 6 flache Teller, 6 tiefe Teller, 6 Suppentassen, 6 Suppenuntertassen, 6 Brotteller, 3 Schüsseln in verschiedenen Größen, 3 Platten unterschiedlicher Größe, 1 Suppenschüssel, 1 Sauciere, 6 Salatteller.

Gläser

Ob glatte oder geschliffene Gläser angeschafft werden, ist reine Geschmackssache. Gläser sollten jedoch nicht eingefärbt sein, da das Getränk und seine Farbe sonst nicht zur Geltung kommen. In der Regel benötigt man 6 Gläser pro Sorte.

Aperitifglas: Kleineres Kelchglas mit Stiel für Sherry oder Portwein. Für Aperitifkreationen mit Sekt (z. B. Kir Royal) können auch Sekttulpen oder -schalen verwendet werden. **Bierglas:** Das traditionelle Pilsglas hat eine begradigte Tulpenform. Weizenbiergläser haben eine hohe Tütenform. **Bordeauxglas:** Rotweinglas mit leichter Tulpenform. **Burgunderglas:** Rotweinglas in klassischer großer Ballonform.

Champagnerglas: Spitztütige Kelchform mit oder ohne Stiel. In Schalen kommt das Perlen des Champagners nicht so gut zur Geltung und die Kohlensäure verfliegt zu schnell. **Cognacglas:** Bauchiges Glas mit kurzem Stiel, das auch für Armagnac, Calvados, Obstgeister, Grappa und andere Tresterschnäpse benutzt wird. **Longdrinkglas:** Schmales, hohes Glas, das auch für Wasser oder Säfte benutzt wird. **Weißweinglas:** Dünnwandiges, zum oberen Rand hin leicht nach innen gewölbtes Glas. Landweine können auch aus Gläsern ohne Stiel getrunken werden. **Schnapsglas:** Korn, Aquavit, Wodka werden aus kleinen Stielgläsern oder „Stamperln" getrunken. Das „Kutscherglas" ist ein höher wandiges Schnapsglas und wird für doppelte Schnäpse benutzt.

Gummispachtel
Zum Ausschaben von Schüsseln und Töpfen.

Kochlöffel
Holzkochlöffel sind denen aus Plastik vorzuziehen, da sie im heißen Fett nicht schmelzen kön-

nen. Kochlöffel mit langen Stielen erleichtern die Arbeit beim Kochen.

Knoblauchpresse
Geschälte Zehen werden fein zerdrückt. Schalenteile verbleiben in der Presse. Es wird empfohlen, Metallpressen zu verwenden.

Küchenhandtuch
Zum Passieren von Saucen und gekochten Früchten. Und natürlich auch zum Abtrocknen der Hände. Hierfür nicht das Küchentuch verwenden.

Küchenschere
Zum Zerschneiden von Kräutern und zum Putzen von Gemüse.

Messbecher
Messbecher gibt es aus verschiedenen Materialien. Sie können die Waage ersetzen, wenn es um das Abmessen kleinerer Einheiten geht.

Messer

Küchenmesser sollten aus rostfreiem Spezial-
stahl sein. Sie müssen hart, aber so flexibel sein,
dass die Klingen gebogen werden können, ohne
zu brechen und ohne dass sich Risse bilden.
Beim Kauf von Messern sollte man auf erstklas-
sige Qualität achten; Sparen ist hier nicht angebracht. Um die Klingen zu schonen, sollte man
ein Messerset wählen, das aufgehängt oder in
einem Messerblock untergebracht werden kann.
Die Griffe müssen gut in der Hand liegen und
spülmaschinengeeignet sein. Der Griff darf im
Verhältnis zur Klinge nicht zu schwer sein. Ein
Wetzstahl sollte gleich mitangeschafft werden,
so kann man die Messer zwischendurch schlei-
fen. **Apfelentkerner:** Zum Ausstechen von Kern-
obst. **Brotmesser:** Großes Messer mit leicht
gezackter Klinge. **Buntmesser:** Das Buntmesser
hat eine dicke, zackig eingeschnittene Klinge
und wird zum Schneiden von rohem und gekochtem Gemüse verwendet. **Eierschneider:** Kein Messer im eigentlichen Sinn. Die scharfen Drähte des
Eierschneiders zerteilen hart gekochte Eier in

feinste Scheiben. **Hackmesser:** Ein Messer mit leicht gebogener Klinge, mit dem sich besonders leicht Zwiebeln, Knoblauch und Kräuter hacken lassen. **Fleischmesser:** Großes Messer mit gerader, sehr scharfer Klinge. **Juliennereißer:** Zum Abschälen von Zitrusfrüchten. **Kugelausstecher:** In verschiedenen Größen: vom kleinen Erbsenausstecher bis zum ovalen Olivenausstecher. Zum Ausstechen von Kartoffeln, Karotten, Melonen und anderem Gemüse und Obst. **Küchenmesser:** Zum Schneiden von Zwiebeln, Knoblauch, Gemüse oder Obst. **Parmesanmesser:** Für Parmesankäse, der in kleine Stücke geteilt wird. **Spargelschäler:** Die Klinge ist verstellbar und kann je nach Spargelschale eingestellt werden. **Sparschäler:** Zum Schälen von Kartoffeln, Möhren, Gurken, Äpfeln und Birnen. Sparschäler sind mit einer stumpfen Klinge versehen, die dem Ausbohren von Stellen dient. **Teigrädchen:** Kein Messer im eigentlichen Sinn. Mit glattem und gezacktem Rand zum Ausschneiden von Back- und Nudelteig. **Tourniermesser:** Diese Messer haben eine leicht gebogene Klinge und werden zum Zurechtschneiden von Gemüse verwendet. **Trenndraht:** Dient dem exakten Durchschneiden von Tortenböden. Die feine Stahlsaite lässt sich nach Bedarf breit oder schmal einstellen. **Wiegemesser:** Zum feinen Zerhacken von Kräutern und Gewürzen.

Metallgitter
Auch Kuchengitter genannt. Sie dienen dem Auskühlen von Backwaren.

Mörser
Die Geschmacksstoffe bleiben hier weitgehend erhalten, da sie zerquetscht werden. Gut für Pesto oder Nüsse. Geschälte Knoblauchzehen werden zusammen mit Salz im Mörser zerrieben.

Nudelholz
Alternativ zum hölzernen Nudelholz gibt es Metallrollen, die man vor Gebrauch kühlen kann, damit der Teig – beispielsweise Mürbeteig – nicht mehr daran hängen bleibt.

Kleine Teigroller mit Kunststoffgriffen helfen, den Teig passgenau und gleichmäßig in die Backform zu bringen.

Nussknacker
Zum Knacken der Schale harter Nusssorten.

Palette
Dieses Utensil sieht aus wie ein breites, stumpfes, abgerundetes Messer und wird benutzt, um Torten- und Kuchenränder glatt zu streichen, nachdem Cremes oder Glasuren aufgetragen wurden. Die Palette wird außerdem zum Wenden von Fleisch und anderen Bratstücken gebraucht.

Pfannenwender
Diese sollten idealerweise aus Kunststoff sein, damit beschichtete Pfannen nicht zerkratzt werden.

Pfeffermühle
Sie wird mit ganzen Pfefferkörnern gefüllt.
Frisch gemahlener Pfeffer würzt besonders gut
und aromatisch.

Schaumkelle
Ein flacher Schöpflöffel mit Löchern, mit dem
man aus der Kochflüssigkeit das fertige Gargut
heraushebt.

Schneebesen
Gute Schneebesen müssen elastische Besen
haben, die gut im Stiel verankert sind. Man
benutzt sie zum Schlagen von Eiweiß, Wein-
schaumcreme, Sahne und anderen Massen. Zum
Umrühren von Saucen oder Einrühren von Butter. Nach dem Benutzen müssen die Besen sofort
gereinigt werden.

Schneidebrett
Hiervon sollte man wenigstens 2 Bretter in verschiedenen Größen besitzen. Statt Holzbretter
werden heute Kunststoffbretter oder Glasunterla-

gen empfohlen, da sich diese wesentlich besser säubern lassen. Insbesondere Geflügel- und Fleischsäfte können nicht wie beim Holz eindringen; die Gefahr von Salmonellen ist gebannt. Holzbretter, auf denen Knoblauch und Zwiebeln zerkleinert werden, nehmen deren Geruch an.

Schöpfkelle
Zum Abschöpfen von Suppen, Eintöpfen und Saucen.

Spritzbeutel
Ein fester, spitzer Beutel, in den Loch- und Sterntüllen in unterschiedlichen Größen eingesetzt werden können. Zum Garnieren und Verzieren von Kalten Platten, Canapés, Desserts, Kuchen und Torten.

Teigkarte
Sie sind mit glattem oder gezacktem Rand erhältlich und haben die Funktion, die Teigmasse gleichmäßig in die Backform zu bringen.

Teigschaber

Zum Ausschaben von Teigschüsseln und zum Zusammenhalten des Teiges.

Töpfe

Für die Grundausstattung genügen in der Regel neben 2 Bratpfannen, davon eine mit Deckel, 4 Kochtöpfe. **Bratentopf:** Mittelhoher Topf mit einem Durchmesser von mindestens 22 cm. **Fischtopf:** Flacher, länglicher Topf, dem Bräter ähnlich, häufig mit Einsatz. **Hoher Kochtopf:** Er sollte mindestens 24 cm Durchmesser haben und wird zum Kochen von Kartoffeln, Gemüse und Suppen benötigt. **Kleiner Kochtopf:** Kochtopf von 20 cm Durchmesser für Saucen oder zum Aufwärmen von Speiseresten. **Schnellkochtopf:** Der Kochtopf sollte wenigstens 5 Liter fassen. **Stielkasserolle:** Auch Sauteuse genannt, zum Anschwenken von Gemüse, zum Anbraten kleinerer Fleischstücke und zum Pochieren. **Spagetti- topf:** Hoher, schmaler Topf, der mit einem Einsatz auch als Spargelkochtopf verwendet wird. **Länglicher Bräter:** Für Braten und Geflügel.

Tortenteiler

Eine Art Schablone aus Kunststoff, die auf das fertige Backwerk gedrückt wird und die Größe der einzelnen Tortenstücke markiert.

Waage

Für die Grundausstattung genügt ein gängiges, mechanisches Modell, das in 25-Gramm-Schritten bis zu 5 Kilogramm maßgenau wiegt. Mit elektronischen Geräten lassen sich kleinere Abstände und Einheiten auswiegen.

Zitruspresse

Zum Entsaften aller Zitrusfrüchte.

Die Vorratshaltung

In einer wahrscheinlich zunächst einmal kleineren Wohnung hat man nicht sehr viel Platz für Vorräte. Gewürze, Senf, Ketschup, Zucker, Mehl, Fertigsaucen, Dosenmilch, Dosensuppen, Brühwürfel, Dosenobst und -gemüse, Fischkonserven, Essig, Öl, Honig, Marmelade, Knäckebrot und vielleicht eine Flasche Wein oder Sekt sollte man für alle Fälle immer parat haben.

Der Einkauf

Wichtig ist, festzustellen, welche Lebensmittel häufig und weniger häufig eingekauft werden müssen. Das ist in jedem Haushalt recht individuell. Es gibt jedoch eine Reihe von Dingen, die erfahrungsgemäß überall und immer benötigt werden. Zur Erleichterung des täglichen Einkaufs sollten lagerfähige Lebensmittel einmal wöchentlich, noch besser: einmal monatlich eingekauft werden. Die Speisekammer, wenn vorhanden, der Keller und vor allem die Gefriertruhe sind ideale Hilfen, die Vorteile eines Großeinkaufs zu nutzen. Wer Lebensmittel in der Speisekammer – glücklich ist, wer noch eine hat!

– oder im Keller lagert, muss beachten, dass die Temperatur hier +12 °C nicht übersteigen darf.

Zu den Lebensmitteln des täglichen Einkaufs gehören: Brot, Brötchen, Frischmilch, Frischkäse, Blattsalate, Kräuter, Obst, Gemüse, Hackfleisch, Frischfleisch, Geflügel, Fisch, Wurst, Wurstaufschnitt.

Zu den Lebensmitteln des wöchentlichen Einkaufs gehören: Vollkornbrot, kräftige Obstsorten wie Äpfel und Orangen, Butter, Käse am Stück, Quark, Sahne, Jogurt, Eier, Kaffee, Säfte.

Zu den Lebensmitteln des monatlichen Einkaufs gehören: Mehl, Reis, Nudeln, Kartoffel-Trockenprodukte, Kakao, Schokolade, Tee, Marmelade, Honig, Essig, Öl, Konserven, Getränke, Tiefkühlprodukte aller Art sowie sämtliche Putz- und Reinigungsmittel und Produkte für die Körperpflege.

Zu den Lebensmitteln, die einmal jährlich gekauft werden, gehören: Im Sommer Obst und Gemüse zum Einfrieren und Einkochen, Einkellerungskartoffeln, Wein.

Der Kühlschrank

Ein Leben ohne den Kühlschrank ist heute nicht mehr vorstellbar. Im Kühlschrank herrscht keine gleichmäßige Temperatur, was beim Lagern unbedingt zu beachten ist. Die kälteste Zone befindet sich im oberen Bereich. Sie beträgt +2 °C, steigt im mittleren Bereich auf +3 °C an und beträgt in den unteren Fächern +6 °C, im Gemüsefach +8 °C. Das Eisfach hat Temperaturen unter dem Gefrierpunkt. Hier dürfen nur

Tiefkühlprodukte oder Lebensmittel gelagert werden, denen ein kurzfristiges Gefrieren nicht schadet. Um die notwendigen gleichmäßigen Temperaturen im Kühlschrank zu halten, muss dieser regelmäßig abgetaut werden, sofern er nicht mit einer Selbstabtauvorrichtung ausgestattet ist. Der kälteste Bereich **oben** im Kühlschrank ist für Fisch, Fleisch und Sahne reserviert. Im **mittleren** Bereich lagert man Milch, Aufschnitt, zubereitete Gerichte, Back- und Konditoreiwaren sowie geöffnete Konserven. Im **unteren** Bereich werden Getränke und Räucherwaren aufbewahrt. Das Gemüsefach ist – wie der Name sagt – Obst, Salat und Gemüse vorbehalten. In den **seitlich** angebrachten Kühlschrankfächern ist Platz vorgesehen für Butter, Eier, Würzsaucen und Getränke. Der Kühlschrank verlangsamt den Verfall von Lebensmitteln, kann ihn aber nicht verhindern. Daher sollten nur ganz frische Produkte eingelagert und strikt auf die Verfallsdaten geachtet werden. Ebenso wichtig ist die richtige **Verpackung** der Lebensmittel. Hier gibt es eine große Auswahl an Kunststoffbehältern mit Deckel, Frischhaltefolie, Frischhaltebeutel, Haushalts- und Alufolie oder Wachspapier.

Die beste Verpackung nutzt jedoch nichts, wenn der Kühlschrank nicht regelmäßig gesäubert wird. Hier ist eine Auswaschung mit einem verdünnten, unschädlichen Desinfektionsmittel ratsam, um die Bakterienbildung zu verhindern.

Nicht in den Kühlschrank gehören: Zitrusfrüchte, Birnen und Ananas, Bananen, Knoblauch und Zwiebeln, Speiseöl.

Die Gefriertruhe

Ob Gefriertruhe, Gefrierschrank oder Gefrierfach im Kühlschrank – schonender als durch das
Einfrieren lassen sich Lebensmittel nicht konser-
vieren. Es darf aber nur Ware von bester **Qualität** und – wo nötig – entsprechend vorbereitet in
die Kälte kommen. Jedes Gefriergut muss möglichst **luftdicht verpackt** werden. Klarsichtfolie
oder einfache Alufolie sind nicht geeignet, die
„extra starke" Alufolie ist jedoch zu empfehlen.
Gefrierbeutel, die luftdicht verschlossen werden
können, sind sehr gut geeignet. Ebenso Behält-
nisse aus Alufolie mit Klarsichtdeckel oder spezielle Plastikdosen mit Deckel. Wichtig ist, sämt-
liches Gefriergut deutlich zu **beschriften**. Zur
Beschriftung gehört die Inhaltsbezeichnung und
– ganz wichtig – das Einfrierdatum. Die **Lagerzeiten** der einzelnen Lebensmittel sind sehr
unterschiedlich. Beispielsweise kann Wild und
Rindfleisch bis zu 1 Jahr im Gefrierfach verbleiben, Backwaren sollte man nicht länger als
4 Wochen gefrieren. Im Schnitt sollte eingefrore-
nes Gut nach spätestens 3 Monaten verbraucht

werden. Bei bereits tiefgefrorenem Gut, das in der Tiefkühltruhe zu Hause aufbewahrt werden soll, darf die **Kühlkette nicht unterbrochen** werden. Leicht angetaute Tiefkühlware darf nicht mehr eingefroren werden.

WAS KANN EINGEFROREN WERDEN?

Gut abgehangenes, möglichst mageres Fleisch von Jungtieren, Wild. Sorgfältig gewaschenes, ausgenommenes und dressiertes (in Form gebundenes) Geflügel. Innereien müssen stets gesondert eingefroren werden.

Nur sehr gründlich geputzter und ausgenommener Fisch im Ganzen oder in Portionen. Einwandfreies, geputztes Gemüse ohne jegliche Druckstellen. Viele Gemüse müssen vor dem Einfrieren blanchiert werden. Pflückfrisches Obst. Äpfel, Birnen und Aprikosen müssen vor dem Einfrieren blanchiert oder gedünstet werden. Backwaren, Milcherzeugnisse und Teige. Brot, Brötchen, feste Kuchen, Eis- und Sahnetorten, Hartkäse.

WAS DARF NICHT EINGEFROREN WERDEN?
Sehr fettes Fleisch und ungeräucherte Speckseiten. Grüne Blattsalate, rohe Zwiebeln, roher Knoblauch, rohe Tomaten, Chinakohl. Rohe und gekochte Kartoffeln. Milch, Sahne, Jogurt, magere Käsesorten. Biskuitteig, Rührteig, Baiser. Quarktorten, Cremetorten mit Gelatine, Torten mit Tortenguss und Käsekuchen. Majonäse und Salatsaucen mit Majonäse, Sülzen, gekochte Eier.

Kräuter aufbewahren

Das kurzfristige Frischhalten von Kräutern ist kein Problem. Hierfür werden die Kräuter gewaschen und gut abgetropft, dann locker in Frischhaltedosen oder Klarsichtbeutel gepackt und im Gemüsefach des Kühlschranks aufbewahrt. Kräuter mit langen Stielen stellt man in ein Glas mit Wasser und umhüllt sie mit Frischhaltefolie. In jedem Fall müssen die Kräuter im Ganzen frisch gehalten werden, das Zerkleinern erfolgt erst unmittelbar vor der Verwendung.

Wer sich einen **Kräutervorrat für den Winter** anlegen möchte, kann dies auf vielerlei Weise tun. Zunächst können die Kräuter in Öl, Essig oder Salz **eingelegt** werden. Für das Einlegen in Öl oder klaren Essig werden die Kräuter fein geschnitten, in verschließbare Gläser gefüllt und mit der Flüssigkeit übergossen. Das Einlegen in Salz erfolgt in Schichten, wobei 1 Teil Salz auf 4 Teile Kräuter genommen wird. Die neutralste Art ist das Einlegen in feines Öl, da in Essig eingelegte Kräuter fast nur für Salate verwendet werden können und die in Salz eingelegten natürlich einen starken Salzgeschmack haben und das spätere Dosieren von Salz bei den Speisen sehr viel Erfahrung benötigt.

Beim **Einfrieren** bleiben Aroma, Inhaltsstoffe und Farbe besonders gut erhalten. Praktisch ist das Portionieren in Eiswürfelbehältern. So stehen immer kleine Mengen zur Verfügung.

Am verbreitetsten ist das **Trocknen**. Leider sind nicht alle Kräuter gleichermaßen dafür geeignet.

Beifuß, Bohnenkraut, Dill, Lavendel, Liebstöckel, Majoran, Minze, Oregano, Quendel, Rosmarin, Salbei und Ysop sind unproblematisch zu
trocknen. Die frisch geschnittenen Kräuter werden zu Sträußchen gebunden und kopfüber zum
Trocknen **aufgehängt**. Direkte Sonneneinstrahlung ist beim Trocknungsvorgang zu vermeiden,
da die Sonne die ätherischen Öle herauszieht und
die Farbe der Kräuter ausbleicht. Natürlich kann
man die Kräuter auch im **Backofen** trocknen.
Dies sollte aber sehr langsam und bei maximal
35 °C geschehen. Das Trocknen in der **Mikrowelle** geht sehr schnell. Man legt die Kräuter auf
Küchenpapier, deckt sie wiederum mit Küchenpapier ab und gibt sie 1–4 Minuten, je nach
Stärke und Feuchtigkeitsgehalt der Kräuter, in
das Mikrowellengerät. Auf einem Holzrost – der
so genannten Darre – trocknet man große Kräuter
und Blüten bei möglichst warmer, trockener
Luft. Die getrockneten Blättchen von kleinblätt-
rigen Kräutern lassen sich mit der Hand von den
Stängeln abstreifen, größere Blätter werden zerdrückt.

Obst und Gemüse haltbar machen

Herzhaft **eingelegtes** Gemüse ist eine Delikatesse. Hierzu gehören Gurken, Tomaten, Zwiebeln, Blumenkohl, Karotten, Sellerie, Paprika, grüne Bohnen, Pilze, Sauerkraut und Kürbisse. Eine andere Möglichkeit ist, köstliche **Chutneys** und **Relishes** aus Gemüse zuzubereiten oder beispielsweise **Ketschup** aus frischen, vollreifen Tomaten zu machen.

Pilze und manche Gemüsesorten lassen sich auch sehr gut **trocknen**. Pilze sollen – im Gegensatz zu den Kräutern – möglichst schnell und idealerweise bei voller Sonne auf einer Darre getrocknet werden. Getrocknete Pilze werden sofort nach der Beendigung des Trockenvorganges luftdicht verschlossen aufbewahrt. In einer solchen Verpackung sind sie jahrelang haltbar. Vor der Verwendung von getrockneten Pilzen müssen diese mindestens 1,5 Stunden eingeweicht werden.

Manche Gemüsesorten eignen sich hervorragend zum **Entsaften**. Hierzu zählen insbesondere Tomaten, Karotten, Gurken und Sellerie.
Für **Früchte** bietet sich das **Entsaften** als eine Form des Haltbarmachens geradezu an. Der Entsaftungsvorgang geht recht schnell und selbst gemachte Säfte schmecken unvergleichlich besser als gekaufte. Das Entsaften ist auch Grundbedingung für die Herstellung von **Gelees**. Ganze Früchte werden für **Marmeladen** und **Konfitüren** verarbeitet.

Einfach und schnell geht das **Einmachen** von Früchten. Solche Kompotts oder auch Früchtetöpfe mit oder ohne „Schuss" sind immer eine willkommene Abwechslung auf dem Speiseplan. Und nicht zuletzt lassen sich aus einer Vielzahl von Früchten köstliche **Liköre** und „Geister" herstellen.

Müll und Hausschädlinge

Abfallvermeidung ist sicherlich das beste Konzept, wenn die Wohnung nicht mit Kartons, Flaschen, Dosen und Plastikverpackungen vollgestopft sein soll. Am besten ist, Sie beherzigen einige Regeln und haben damit gleich weniger Probleme mit dem leidigen Müll.

Trennen Sie Ihren Müll

Je nach Angebot der örtlichen Entsorger und Verwertungsfirmen können Papier, Glas, Weißblech, Aluminium, Folien, Hartplastik und Styropor **getrennt gesammelt** werden. Vielerorts gibt es auch **Sammelcontainer** für Textilien und Schuhe. Nutzen Sie die **Sondermüllaktionen** Ihres Landkreises. Zum Sondermüll gehören: Lack- und Farbreste, Verdünner, Lösungsmittel, Klebstoffreste, Pflanzenschutzmittel, Insektenvertilger, Holzschutzmittel, Altöl und altölgetränkte Lappen, leere Batterien wie Knopfzellen und Akkus, Fieberthermometer, unbrauchbar gewordene Medikamente und Medikamentenreste, bestimmte Reinigungsmittel, Chemikalien aller Art, Leuchtstofflampen.

Gehen Sie grundsätzlich mit **Einkaufstasche**, Korb oder Netz zum Einkaufen. So brauchen Sie nicht die Plastiktüten der Supermärkte, die Geld kosten und daheim herumliegen.

Vermeiden Sie **Einwegflaschen und -packungen**, wie z. B. bei Saft, Milch oder Bier, **Portionspackungen** und **Wegwerfartikel** (Becher, Teller, Backformen). Nehmen Sie für Ihr Pausenbrot eine **Brotdose** oder Butterbrotpapier statt Alu- oder Frischhaltefolie.

Geben Sie **alte Medikamente** in der Apotheke ab; ansonsten gehören sie in den **Sondermüll**.

Nutzen Sie die Möglichkeiten von **Nachfüllpackungen** (z. B. Gewürze, Waschmittel, Duschgels). Erkundigen Sie sich beispielsweise beim Neukauf eines Elektrogerätes oder einer Leuchtstofflampe, ob Sie das alte Gerät oder die Lampe zur **Entsorgung beim Händler** abgeben können.

Denken Sie auch daran, dass **Transportver-packungen** vom Erzeuger zurückgenommen und verwertet werden müssen. Umverpackungen, z. B. um Tuben oder Tüten, dürfen Sie im Laden zurücklassen. **Verkaufsverpackungen** muss der Handel generell zurücknehmen, wenn nicht ein flächendeckendes privatwirtschaftzliches System besteht, das diese Abfallstoffe gesondert erfasst (z. B. DSD – das **D**uale **S**ystem **D**eutschland).

Städte und Gemeinden führen regelmäßig **mobile Schadstoffsammlungen** durch, sodass der Haushalt umweltfreundlich entgiftet werden kann (z. B. die Abholung defekter oder alter Kühlgeräte). Ebenfalls gibt es in vielen Gemein-den sogenannte **„Bauhöfe"**, wo man z. B. Bau-schutt und ähnliches meist gegen Gebühr entsor-gen kann.

Restmüll und organische Abfälle

Statistisch gesehen produziert jeder Bundesbür-ger pro Jahr ca. 4 Tonnen Müll, davon 323 kg Hausmüll. Wie man einen Teil davon vermeiden oder loswerden kann, wurde bereits beschrieben.

Jetzt bleiben noch der Restmüll und die organischen Abfälle. Diese fallen in erster Linie bei der **Nahrungszubereitung** in der Küche an. Besonders bei Wärme beginnen sie, unangenehm zu riechen und sind dazu noch der ideale Nährboden für Ungeziefer und Krankheitskeime. Solche Abfälle gehören auf den Komposthaufen – der in Städten wohl eher selten zu finden ist – oder in die **Biotonne**, die von vielen Gemeinden für die Haushalte angeschafft wurden. Eiweißhaltige Essensreste gehören in den Restmüll. Gewöhnen Sie sich an, Ihren Müll nicht einfach so in den **Mülleimer** zu werfen, sondern geben Sie aus hygienischen Gründen zuvor einen **Müllsack** hinein. Waschen Sie den Mülleimer regelmäßig mit einem **Desinfektionsmittel** aus.

Eklige Hausgenossen
Ungeziefer beeinträchtigt das Wohlbefinden und kann die Übertragung von **Krankheiten** verursachen. Auch in hygienisch einwandfreien Haushalten kann es sich einnisten oder eingeschleppt werden.

Wenden Sie **Schädlingsbekämpfungsmittel** genau nach der Dosiervorschrift an und befolgen Sie die **Sicherheitsvorschriften**. Treffen Sie vorbeugende Maßnahmen, um einen erneuten Befall auszuschließen. Kontrollieren Sie regelmäßig gefährdete Bereiche. Wenn der Befall zu hartnäckig ist, muss der Fachmann ran!

Von Hygieneschädlingen, Materialschädlingen und Vorratsschädlingen

Zu den **Hygieneschädlingen** gehören Stubenfliegen, Flöhe, Schaben/Kakerlaken, Läuse, Hausstaubmilben und Ratten.

Die **Stubenfliege** verschmutzt Einrichtungsgegenstände und Lebensmittel mit ihren Ausscheidungen. Helfen können Fliegengitter, der Einsatz der Fliegenklatsche, Fliegenfänger, das Aufhängen von getrockneten Fliederblüten und mit Nelken bespickte Zitronen.

Flöhe leben im Staub und in Fugen und Ritzen. Ihre Stiche verursachen starken Juckreiz und übertragen den Bandwurm. Hier sprüht man mit entsprechenden Insektiziden. Seien Sie besonders aufmerksam, wenn Sie ein Haustier halten.

Schaben oder Kakerlaken lieben feuchte, warme Winkel, fressen feuchte, faulende Lebensmittel und werden im Dunkeln aktiv. Ihre Ausscheidungen sind gesundheitsschädlich. Dichten Sie die Fugen ab, spritzen Sie mit pyrethrumhaltigen Mitteln, streuen Sie eine Backpulver-Zucker-Mischung aus. Die Bekämpfung ist sehr langwierig. Holen Sie am besten den Kammerjäger!

Läuse leben z. B. auf dem Kopf zwischen den Haaren und in Kleidung. Man kann sie schneller bekommen, als man denkt, auch durch ungereinigte Kleider aus dem Leihhaus oder Theaterfundus. Die Stiche jucken sehr und können nach dem Aufkratzen zu eitrigen Geschwüren führen. Hier hilft nur Körperhygiene, Spezialbehandlung der Kleidung und Spezialmittel bei Kopfläusen.

Die Exkremente der **Hausstaubmilben** vermischen sich mit dem Hausstaub, der eingeatmet wird und zu allergischen Reaktionen führt. Hier helfen akarizide Mittel, regelmäßiges feuchtes Wischen und spezielle Bettwäsche.

Ratten gibt es glücklicherweise nicht mehr so häufig wie früher. Hier und da existieren sie aber noch ganz fröhlich. Die Allesfresser übertragen Krankheiten. Rufen Sie den Kammerjäger!

Materialschädlinge richten Schäden durch Materialfraß an. Dabei entstehen häufig kleine Löcher. Zu diesen Schädlingen gehören Silberfischchen und Kleidermotten.

Das **Silberfischchen** lebt in feuchten Ritzen und frisst cellulosehaltige Materialien wie Textilien, Leder und Papier. Dichten Sie die Ritzen ab, verwenden Sie Insektizide und streuen Sie eine 1:1-Mischung aus Borax und Zucker in die Schlupflöcher.

Die Larven der **Kleidermotte** fressen Wolle und Federn. Gegen sie helfen alt bewährte Mittel wie Lavendelduft, Kampfergeruch und Zedernholzstücke.

Vorratsschädlinge befallen Nahrungs- und Genussmittel und verunreinigen sie mit ihren Ausscheidungen, sodass die Lebensmittel nicht mehr verwendet werden können. Hierzu gehören Mehlmilben, Mehlmotten, Kornkäfer, Mäuse.

Mehlmilben überziehen Getreidekörner, Mehl- und Backwaren mit einer hellen Staubschicht. Die befallenen Produkte müssen Sie wegwerfen.

Lagern Sie Ihre Vorräte trocken und kühl, legen Sie frisches Holunderholz aus, töten Sie die Milben durch Akarizide ab.

Mehlmotten legen ihre Eier in Mehl oder andere Trockenvorräte, die Raupen fressen davon und spinnen klebrige Fäden. Die Motten treten in Mengen auf. Werfen Sie die Lebensmittel weg! Bewahren Sie Ihre Vorräte verschlossen auf, reiben Sie die Schränke mit Lavendelöl aus, legen Sie frisches Holunderholz in die Schränke.

Die Larven des **Kornkäfers** fressen sich aus den Getreidekörnern nach außen heraus, die Käfer fressen von außen Löcher in die Körner. Die Backqualität des Mehls wird schlecht, die Ausscheidungen des Käfers erzeugen Allergien. Vernichten Sie das Getreide.

Mäuse fressen Lebensmittel und Futtermittel. Man erkennt an ihren Kotresten, dass sie da sind. Hier helfen Mausefallen sowie das Kontrollieren und Reparieren undichter Stellen im Haus.

Ordnung ist das halbe Leben

Sicherlich hat ein „kreatives Chaos" in der Wohnung einen gewissen Charme – besonders bei den Herren der Schöpfung –, allerdings lässt es sich damit auf Dauer schlecht leben. Überlegen Sie einmal, wie viel Zeit dadurch verloren geht, dass man dauernd Dinge sucht, die sich in irgendwelchen Stapeln verbergen. Oder dass man auf der Couch immer erst einmal Platz schaffen muss, um sich überhaupt setzen zu können. Oder dass man seine Kleider bügeln muss, bevor man sie anziehen kann, weil man die Angewohnheit hat, sie nach dem Ausziehen über den Stuhl im Schlafzimmer zu werfen, das dann die ganze Woche so tut, um dann am Samstag genau das anziehen zu wollen, was sich zuunterst befindet und inzwischen total verknittert ist. Oder es ist eine Mahnung eingegangen, weil man die Rechnung völlig vergessen hat, die auf dem Schreibtisch unter unbeschrifteten Disketten, ungeöffneter Post, Werbesendungen, lose herumliegenden Bankauszügen, Schmierzetteln mit nicht mehr zuzuordnenden Telefonnummern und anderem Krimskrams schmort. Oder Sie kommen heim und haben schrecklich Hunger, aber es gibt keinen einzigen sauberen, benutzbaren Topf mehr, vom Geschirr und den Gläser ganz zu schweigen.

Und das sind nur ganz wenige Beispiele! Natürlich sollen Sie nicht zum Putzteufel und Extrem-Pedanten mutieren, aber ein paar Handgriffe, die Sie sich zur täglichen Routine machen, verschaffen Ihnen gleichbleibende Freude an den eigenen vier Wänden und vermeiden unnötigen Frust.

Ablage

Es gibt eine ganze Reihe von Schriftstücken, die aufbewahrt werden müssen. Schaffen Sie sich eine **Hängeregistratur mit Hängeordnern** an. Beschriften Sie diese und sortieren Sie Ihre Unterlagen ein. Sinnvoll sind die Mappen beispielsweise für Steuerbelege, Rechnungen, Bankbelege, Bankformulare, erledigten Schriftverkehr, Zeitungsartikel wie z. B. Kochrezepte, Reisetipps. Misten Sie die Hängeregistratur regelmäßig aus und sortieren Sie die als wichtig verbliebenen Vorgänge z. B. in beschriftete Aktenordner. Ganz praktisch sind auch die faltbaren Papp-Ablagekästen von Ikea!

Beschriftete Aktenordner brauchen Sie für die Ablage aller benötigten Gebrauchsanleitungen und Garantiescheine Ihrer Geräte, für Gehaltsabrechnungen und wichtige Dinge, die den Arbeitgeber betreffen, für die Unterlagen zum Auto, für Mietverträge, Zeugnisse, Versicherungen und andere wichtige Dokumente, die mit einem Handgriff auffindbar sein müssen.

Hier ist auch die Anschaffung einer **Dokumenten-mappe** sinnvoll. Hier gibt man am besten die Dokumente hinein, die man im Umgang mit Behörden benötigt. Dazu gehören Geburtsurkunde, Heiratsurkunde, Familienstammbuch, Reisepass, Impfzeugnisse, Lohnsteuerkarten, Rentenversicherungsnachweis, Versicherungspolicen, Sparbücher, Krankenversicherungsunterlagen, Zeugnisse und das Testament.

Kataloge, Zeitungen und Zeitschriften

Wenn man sich nicht rigoros von überflüssigem Papier trennt, sieht es in der Wohnung schnell unordentlich aus. Sehen Sie die dicken Kataloge der Versender durch, reißen Sie das heraus, was Sie interessiert und geben Sie es zusammen mit dem Bestellschein des Herstellers in die Hängeregistratur. Von den Reiseprospekten und -katalogen sollten nur die tatsächlich interessanten aufgehoben werden. Denken Sie daran, veraltete Reisekataloge wegzuwerfen. Wenn Sie in einer Zeitung oder Zeitschrift einen interessanten Artikel finden, den Sie aufheben möchten, reißen Sie ihn gleich heraus und geben Sie ihn in die Hänge-registratur. Werfen Sie die ausgelesene Zeitschrift weg oder fragen Sie in Ihrer Arztpraxis oder anderen Institutionen wie z. B. in Seniorenwohnheimen nach, ob Bedarf besteht.

Pinnwand

Eine Pinnwand ist äußerst praktisch. Sie kann am Arbeitsplatz, in der Diele, z. B. über dem Telefon, oder in der Küche hängen. Hier wird alles angepinnt, was kurzfristig zu erledigen oder besonders wichtig ist (Telefonnummern vom Arzt etc.). Denken Sie daran: Ist der Vorgang erledigt, muss der Zettel runter von der Wand! Alternativ zur Pinnwand kann auch der Kühlschrank fungieren, sofern er keine Verkleidung hat. Es gibt hierfür ganz witzige Magnethalter zu kaufen.

Sammelleidenschaft

Gehören Sie zu den Menschen, die einfach nichts wegwerfen können? Die sogar Kartons und Kästchen aufheben, weil man sie ja irgendwann einmal gebrauchen könnte? Machen Sie einen Schnitt! Misten Sie wenigstens einmal im Jahr gründlich aus. Sortieren Sie „den Kram" durch und benutzen Sie rigoros den Mülleimer. Seien Sie ehrlich: Wenn Ihnen der zerdellte Teller von Tante Julchen so viel bedeutet, wieso hat er dann jahrelang verstaubt in der hintersten Schrankecke gestanden? Müssen stapelweise alte Zeitungen und Zeitschriften aufgehoben werden, bloß weil ein einziger Artikel darin interessant ist? Überlegen Sie, ob Sie etwas wirklich gebrauchen können, wenn ja, stellen oder legen Sie es dann auf einen gut sichtbaren Platz. Nach einiger Zeit werden Sie vielleicht feststellen, dass Sie sich geirrt haben und können auch diesen Gegenstand entsorgen. Auf die Dauer nervt er nämlich – allein schon beim Abstauben!

Kommen Sie besser nicht auf die Idee, den Krimskrams im Keller oder auf dem Dachboden zu ver-
stauen. Dort liegt er jahrelang völlig vergessen
herum, wird beim nächsten Umzug wieder mitge-
schleppt und alles beginnt von vorne. Das Ausmis-
ten lohnt sich wirklich! Wenn Sie der Meinung
sind, dass Ihre so lang bewahrten „Schätze" zu
schade für den Müll sind, bringen Sie sie doch auf
den Flohmarkt oder fragen Sie Freunde, ob sie die
Sachen noch gebrauchen können. Zögern Sie diese
Aktivitäten aber nicht zu lange heraus, sonst verfliegt Ihr endlich gefasster Entschluss zur endgül-
tigen Trennung wieder!

Leider muss man laut Hersteller meist die Umverpackungen von Computern und anderen Geräten
wegen möglicher Reklamationen und wegen des
Garantieanspruchs aufbewahren. Stellen Sie diese
auf Regale im Keller und entfernen Sie sie sofort,
wenn die Garantie abgelaufen ist.

Das große Reinemachen – jeden Tag ein bisschen

Früher stellte die Hausfrau zweimal im Jahr das Haus gründlich auf den Kopf und es wurde tagelang nur noch geschrubbt und geputzt. Dass der große Hausputz somit ein Horror – auch für die nicht beteiligten Familienmitglieder – war, ist klar. Heute macht man das anders. Und zwar, indem man lieber das ganze Jahr über systematisch sauber macht. Systematisch bedeutet, dass man einen Arbeitsgang an einem bestimmten Wochentag in allen Räumen durchführt. Das spart Zeit und Kraft.

Stellen Sie einen Organisationsplan auf

So ein Organisationsplan könnte beispielsweise so aussehen:

Montag: Betten beziehen, Wäsche waschen;
Dienstag: Bügeln, Wäsche schrankfertig machen;
Mittwoch: Fenster putzen;
Donnerstag: Staub wischen, Böden pflegen;
Freitag: Küche, Bad, Toilette gründlich reinigen.

Wenn Freitag z. B. Großreinemachen für Bad und Küche angesagt ist, heißt das aber nicht, dass Sie die Woche über nichts machen. Handgriffe, die jeden Tag erledigt werden müssen, sind Geschirr spülen, Küche aufräumen, Waschbecken, Dusche oder Badewanne und WC saubermachen, Betten machen, das Wohnzimmer aufräumen, Blumen gießen. Stellen Sie sich vor, es kommt unangemeldet Besuch und die Küche sieht aus, als hätte eine Bombe eingeschlagen, im Badezimmer hängt Zahnpasta am Spiegel, das Waschbecken ist schmutzig und vielleicht noch voller Haare. Peinlich!

Das richtige Handwerkszeug

Ohne „Instrumentarium" und Putzmittel geht gar nichts. Deshalb sollten Sie Ihren Haushalt mit folgenden Dingen ausstaffieren: 1 Besen, 1 Handfeger, 1 Kehrschaufel, 1 Mop, 1 Schrubber, Staubsauger, 1 Teppichbürste, 1 Möbelbürste, 1 Toilettenbürste, 1 Kleiderbürste, 1 Scheuerbürste, 1 Abwaschbürste, 1 Staubwedel, 1 Staubpinsel, 1 Schaumgummischwamm, 2 Wischtücher, 1 Fensterputzgerät mit Stiel, 1 Ledertuch, 4–6 Staubtücher, 1 Heizkörperbürste, 1 Leiter, 1 großer und 1 kleiner Eimer und unbedingt 2 Paar Haushaltshandschuhe (je eines für Küche und Klo).

Grundsätzlich gibt es für fast jeden Reinigungszweck Spezialmittel. Die brauchen Sie aber nicht alle. Mit einem umweltfreundlichen Neutralreiniger, einem Allzweckreiniger, einem WC-Reiniger, Spülmittel, Scheuersand und einer guten Möbelpflege kommen Sie ganz gut zurecht.

Staubwischen und **Fensterputzen** gehören zu den Routinearbeiten, die keiner liebt, aber die gemacht werden müssen. In der Regel genügt es, den Staub mit dem trockenen Staubtuch wegzuwischen. Einmal im Monat behandelt man die Möbel mit einem Spezialpflegemittel. Für das Fensterputzen gibt es Glas- und Spiegelreiniger. Ein Schuss Salmiak oder Essig im Wischwasser und das anschließende Trockenwischen mit Zeitungspapier tut's auch, man erzielt oft bessere Ergebnisse und die Methode ist super sparsam. Mit dem selbst gemachten Putzmittel reinigen Sie auch Spiegel, Glastische, Bilder hinter Glas und den Fernsehapparat. Wenn Sie gerade beim Staubwischen sind, denken Sie auch an die Lampen. Lampenfüße stauben schnell ein. Lampenschirme bürsten Sie ab, wenn Sie aus Stoff sind. Staubige Blätter von Grünpflanzen werden mit einem feuchten Tuch abgewischt. Sollten Sie ein Fan von Seidenblumen sein, hier ein guter **Tipp**: Sind die Seidenblumen staubig, ziehen Sie sie einfach durch warmes Wasser, in das Sie einen Schuss Spüli gegeben haben. Schütteln Sie die Blumen aus und lassen Sie sie auf einem Handtuch trocknen. Sie werden wie neu! Künstliche Grünpflanzen brausen Sie in der Dusche oder Badewanne handwarm ab und lassen sie dort zum Trocknen stehen.

So ideal **Scheuermittel** für Stein-Spülbecken wie Waschbecken, Bidet und Toilette im Badezimmer sind – Edelstahlbecken und solche aus Kunststoff nehmen eine Reinigung mit Scheuersand sehr übel.

Für den **Backofen**, wenn er sich nicht selbst reinigt, brauchen Sie ein Spezialspray. Es wird je nach Gebrauchsanweisung auf die erwärmte oder kalte Metallfläche gesprüht und anschließend nur noch feucht nachgewischt.

Für verschmutzte **Elektroherdplatten** gibt es spezielle Renigungspasten, die wirklich sinnvoll sind. Auch das Cerankochfeld sollte mit einem Spezialmittel behandelt werden.

Für **Bad** und **Toilette** nimmt man Flüssigreiniger und Sprays. Bei sparsamer Anwendung der Mittel werden die Flächen nicht unnötig zerkratzt.

Fliesen wäscht man am besten mit einem Allesreiniger im Wasser ab und wischt mit einem Ledertuch nach. Dann glänzen sie schön. Fliesenfußböden werden mit Flüssigseife gescheuert und mit klarem Wasser nachgewischt.

Kunststofffußböden wischt man einfach nass auf. Ins Wischwasser geben Sie ein Spezialglanzpflegemittel. **Tipp:** Kehren oder saugen Sie den Fußboden vor dem Aufwischen ab.

Um den Kalkschleier auf den **Armaturen** los zu werden, geben Sie etwas Essig auf einen in heißem Wasser ausgewrungenen Lappen und reiben die Armaturen gründlich damit ab.

Für das **WC** gibt es natürlich auch Spezialmittel. Sie wirken keimtötend und desodorierend, sind aber recht scharf und sollten nur sparsam angewendet werden. Man streut sie ins Becken, lässt sie kurz einwirken, verteilt sie mit der Bürste und spült das WC dann gut durch. Gewöhnen Sie sich an, Ihr WC täglich mit einem ganz normalen Scheuermittel zu reinigen und verwenden Sie nur einmal wöchentlich Spezialreiniger.

Vom Staubsaugen

Zunächst einmal machen Sie sich mit dem Staubsauger vertraut und beachten, welche **Taste** für das Aus- und Einziehen der Schnur mit dem Stecker und welche die zum An- und Ausschalten ist. Ziehen Sie den **Stecker** am Stecker und nicht an der Schnur aus der Wand, sonst haben Sie bald offen liegende Elektrokabel, an denen Sie sich einen „Schlag" holen können. Abgesehen davon, dass die Schnur dann vom Elektriker verkürzt und der Stecker neu angebracht werden muss.

Damit nicht allzu viel Schmutz in die Wohnung hereingetragen wird, kommt eine **Fußmatte** vor die Haustür. Die ist nicht zur Zierde, sondern damit man sich vor dem Betreten der Wohnung die Schuhe abtritt. Die Matte wird beim Saubermachen ausgeschüttelt und je nach Material abgesaugt.

Jetzt zum **Teppichboden** in der Wohnung: Inspizieren Sie den Boden vor dem Saugen. Gegenstände wie Büroklammern, Schräubchen, Nägel und ähnliches sammeln Sie auf. Sie verursachen nicht nur merkwürdige Geräusche im Staubsauger, sondern können ihn auch verstopfen.

Wird der Teppichboden nicht übermäßig beansprucht, genügt es, wenn Sie ihn ein- bis zweimal in der Woche absaugen. Die meisten Böden lassen sich mit einem Bürstenaufsatz am besten saugen, weil Staub und Schmutz durch das gleichzeitige Bürsten und Saugen gut aus dem Flor herausgeholt werden und sich die Faser wieder aufrichten kann. Außerdem verhindern die Borsten des Aufsatzes Laufstraßen, die besonders an strapazierten Stellen entstehen können. Für grobe, sehr hochflorige Schlingenware und für langflorige Veloure sollten Sie jedoch besser eine glatte Saugdüse verwenden. Rasen Sie nicht hektisch mit dem Sauger durch die Wohnung, denn das schnelle Saugen bringt fast gar nichts. Saugen Sie langsam, nur so kann sich der Schmutz aus den Wollschlingen des Teppichbodens lösen.

Benutzen Sie auch die anderen **Aufsätze** bzw. Zusatzteile für den Staubsauger und experimentieren Sie. Reinigen Sie auch gleich das **Sofa** und die **Sessel** oder **Sitzbezüge**. Fensterbänke und Heizkörper kann man auch absaugen. Sogar **Bücher**, die ganz schnell eine Staubschicht oben auf dem sogenannten Buchblock bekommen, kann man absaugen. Vergessen Sie nicht, die Staubsaugeraufsätze – insbesondere die Bürsten – ab und an zu reinigen.

Wenn der Sauger nicht so recht will, liegt das meist daran, dass es höchste Zeit ist, den **Staubsaugerbeutel** auszuwechseln. Das sollte man schon tun, wenn er halb voll ist. Manche Staubsauger haben auch einen **Filter**, der natürlich auch ab und an gewechselt werden muss. Filter und Staubsaugerbeutel wandern dann sofort in den Restmüll.

Bei einem über die Jahre stark verschmutzten Teppichboden kann man gute Erfolge erzielen, wenn man sich einen **Shampooniergerät** ausleiht. Am besten fragt man in der Reinigung oder im Drogeriemarkt danach, erkundigt sich auch gleich nach dem richtigen Shampoo und lässt sich vor allem genau erklären, wie es geht. Bei frischen Flecken tupft man mit Haushaltspapier das auf, was weg geht und reibt den Fleck dann vorsichtig mit Essigwasser nach. Es gibt auch Leute, die schwören auf Sidolin oder Glasrein. **Vorsicht:** Rubbeln Sie auf gar keinen Fall auf dem Boden herum, der Fleck könnte sonst größer werden oder, was auch schlimm ist, der Teppichboden ist nicht farbecht und jetzt haben Sie eine helle Stelle, die genau so hässlich ist. **Tipp:** Probieren Sie auf einem Teppichbodenrest oder an einer „unsichtbaren" Stelle aus, ob es funktioniert. Wenn nicht, haben Sie Pech gehabt, Sie müssen mit dem Fleck leben, ihn mit einem Läufer bedecken oder den Spezialreinigungsdienst anrufen. Also: Gerade in Mietwohnungen sollte man über seinen Teppichboden mit Argusaugen wachen!

Die Küche putzen

Zunächst einmal muss das **Geschirr** gespült oder in die Spülmaschine geräumt werden. Bevor das aber getan werden kann, müssen die Essensreste von den Tellern und aus den Töpfen verschwinden. Ab damit in den Mülleimer. **Fettrückstände** in der Bratpfanne werden mit Haushaltstuch weggewischt, das dann auch in den Mülleimer wandert. Kommen Sie nicht auf die Idee, das Fett mit heißem Wasser in den Ausguss der Spüle zu gießen – Sie sind doch ein umweltbewusster Mensch! Jetzt spülen Sie das Geschirr unter fließendem, heißem Wasser ab. Danach wird das Spülbecken gereinigt und Gläser, Besteck, Geschirr und Töpfe nach Gruppen und Verschmutzungsgrad **sortiert**. Füllen Sie heißes Wasser in das zugestöpselte Spülbecken und geben Sie einen Schuss Spülmittel hinein. Ziehen Sie **Gummihandschuhe** an. Beginnen Sie mit den **Gläsern**. Tauchen Sie diese nach dem Spülen noch einmal in klares Wasser. Am besten stellen Sie zu diesem Zweck eine Schüssel mit Wasser auf die Arbeitsplatte neben das Becken. Breiten Sie daneben ein frisches Küchentuch aus, stellen Sie die gespülten Gläser kopfüber darauf und lassen Sie das Wasser abperlen. Mit dem **Besteck** verfahren Sie genauso. Jetzt wird abgetrocknet. In der Zwischenzeit weichen Sie die **Töpfe** im Spülwasser ein, die dann mit der Spülbürste oder dem Schwamm gereinigt und kurz unter fließendem Wasser nachgespült werden. Nun ist es Zeit, das **Spülwasser** zu **wechseln**. Das **Geschirr** kommt jetzt dran. Das brauchen Sie nicht abzutrocknen, wenn Sie ein **Abtropfgestell** besitzen! Wenn Sie nur eine Mini-Küche besitzen, gewöhnen Sie sich aber besser an, das Geschirr auch gleich abzutrocken und wegzustellen. Sie brauchen den Platz und es sieht ordentlicher aus. Übrigens: **Teekannen** werden stets nur mit heißem Wasser ausgespült. Der Tee schmeckt sonst nach Spülmittel. Dass sich mit der Zeit eine braune Ablagerung im Inneren der Kanne bildet, ist ganz normal und gehört da auch wegen des Teegeschmacks hin.

Bevor Sie das Spülwasser auslassen, wringen Sie den Spüllappen aus und wischen den Herd und die

Arbeitsplatte sauber. Danach wird die Spüle ausgewischt und mit einem Stück Haushaltspapier nachpoliert. Wechseln Sie täglich das Küchentuch und auch das Küchenhandtuch wegen der Bakterien und Keime!

Besitzer einer **Spülmaschine** müssen das Geschirr auch vorreinigen, bevor es in die Maschine eingeräumt wird. Kostengünstiger ist es, Töpfe und Pfannen mit der Hand zu reinigen, so muss die Maschine nicht allzu oft laufen – vorausgesetzt, Sie besitzen genug Geschirr und Besteck! Kristallglas und Geschirr mit Gold- oder Silberrand, sehr zartes Porzellan, Porzellan mit Aufglasur, von Hand bemaltes Geschirr, Holzgegenstände wie Brettchen und Grill- oder Steakbestecke mit Holzgriff, Sachen aus Horn oder Plastik und aus nicht eloxiertem Aluminium gehören nicht in die Spülmaschine. Goldränder – auch an Gläsern – und Dekore verschwinden, Feines zerbricht, Holz und Horn wird brüchig, rissig und matt und Plastik löst sich auf.

Achten Sie darauf, dass Ihre Spülmaschine immer mit allem versorgt ist, was sie benötigt. Neben den **Tabs** braucht sie vielleicht **Regeneriersalz** oder **Klarspülmittel**.

Ursachen schlechter Spülergebnisse: Regenbogenschlieren auf den Gläsern basieren auf mangelhafter Entkalkung. Der Ionenaustauscher muss der Wasserhärte angepasst werden. Oder das Silikat aus dem Reiniger ist nicht geeignet; Sie wechseln das Produkt. Streifen oder Tropfen deuten auf zu wenig Klarspüler hin; bei Farbrückständen haben Sie zu wenig Reiniger genommen; bei klebrigen Schlieren ist der Klarspüler überdosiert.

Nach jedem Spülgang säubern Sie das Restesieb unten im Gerät. Wischen Sie die Maschine mit einem feuchten Tuch außen ab und denken Sie auch ab und an an den Türdichtungsgummi. Der sollte nicht vergessen werden!

Durch das Kochen und Braten setzt sich in der Küche schnell **Fett** auf alles; da hilft auch die **Dunstabzughaube** nicht. Besonders eklig wird es, wenn Sie längere Zeit **oben auf den Küchenschränken** nicht gewischt haben. Es entsteht eine schmierige, **klebrige Pampe**, die regelrecht weggeschrubbt werden muss. Es ist wirklich besser,

Sie gewöhnen sich an, regelmäßig die **Küchen-schränke innen und außen** – auch oben! – mit einem Allzweckreiniger auszuwischen. Das ist auch dafür gut, dass sich Lebensmittelmotten nicht einnisten können. Vorsichtshalber sollten Sie halt-bare Lebensmittel wie Mehl, Reis, Nudeln und ähn-liches in fest verschließbaren Dosen unterbringen.

Wenn Sie eine **Dunstabzughaube** haben, wird die natürlich auch gesäubert. Denken Sie auch daran, dass der Filter ab und an gewechselt werden muss. Wenn Sie zu den Menschen gehören, die ihre Küche mit Regalen und Zierwerk schmücken – auch hier wird es pappig. Seien Sie schlau und verzichten Sie in der Küche auf „Tütelkram". Je klarer alles ist, desto leichter ist es zu reinigen; Sie sind schneller fertig und es sieht immer gepflegt aus. Denken Sie auch an den **Heizkörper**, die **Küchentür und den Türrahmen.** Vergessen Sie nicht die **Türklinke**, die kann auch klebrig werden!

Auch **Besteckschubladen** sind ein Fall für sich. Wischen Sie diese aus. Es ist nicht besonders appetitlich, wenn sich in den Schubladen Krümel und sonstiges ansammeln, auch wenn das Besteck sauber ist. Apropos Besteck: Sollten Sie das gute Tafelsilber von Ihrer Oma geerbt haben, packen Sie es besser für „gut" in den Wohnzimmerschrank. Für den täglichen Gebrauch ist ein Chromarganbesteck besser, es läuft nicht an!

Widmen Sie sich auch Ihrem **Kühlschrank**. Er sollte regelmäßig **ausgewischt** werden. Denken Sie auch an die Türdichtung! Sie können ein mildes Reinigungsmittel nehmen oder Essigwasser. Es stoppt Gerüche und desinfiziert auch gleich. Gelegentlich muss der Kühlschrank **abgetaut** werden. Hierfür wird er ausgeräumt, abgestellt und offen gelassen. Legen Sie einige Lappen vor den Kühlschrank; Sie werden überrascht sein, wie viel Tauwasser aus so einem kleinen Kühlschrank kommen und Ihnen die Küche „unter Wasser setzen" kann. Ist der Kühlschrank abgetaut, waschen Sie ihn wie zuvor beschrieben aus und räumen ihn wieder ein. Dabei sollten Sie gleich alles wegwerfen, was über dem Verfalldatum ist. Denken Sie auch an die Fertigsaucen! Wenn Sie ein Gerät mit Abtauautomatik haben, müssen Sie es natürlich nicht abtauen. Die Automatik rettet Sie aber nicht davor, den Kühlschrank zu säubern.

Zuletzt kommt der **Fußboden** dran. Saugen Sie vorher und wischen Sie ihn dann. Geben Sie etwas Allzweckreiniger ins Wischwasser. Bei hartnäckigen Flecken besprühen Sie diese vor dem Aufwischen mit Allzweckreiniger und lassen ihn einwirken. Der Fleck – aus was auch immer er besteht – löst sich auf oder wird zumindest weich und lässt sich wegwischen.

Das Badezimmer ist Ihre Visitenkarte

Die Küche ist nun blitzblank. Großputz im Badezimmer muss auch einmal wöchentlich sein. Dass das **Waschbecken**, die **Dusche oder Badewanne**, die **Armaturen** und das **WC** täglich gereinigt werden müssen, ist klar. Oder? Denken Sie auch daran, die **Ausgüsse** gleich sauber zu machen. Haare und anderes können für Verstopfungen sorgen. Einmal wöchentlich geben Sie etwas Abflussreiniger hinein. Beachten Sie aber die Beschreibung des Mittels, diese Reiniger sind sehr ätzend. Vielleicht finden Sie in Ihrem Supermarkt oder in der Drogerie auch ein biologisches Reinigungsmittel. Wenn Sie mit dem Lappen oder Schwamm nur schlecht zwischen Armaturen und Waschbeckenrand kommen, reinigen Sie diese Stellen mit einer ausrangierten Zahnbürste.

Grundsätzlich gilt: Schaffen Sie für das Badezimmer und das WC **gesonderte Lappen** und **Schwämme** an, die Sie auch dort aufbewahren. Am besten in einer anderen Farbe als die, die Sie für die Küche oder sonst in der Wohnung zum Putzen verwenden. Die Vorstellung, dass Sie versehentlich mit dem Klolappen das Geschirr spülen, ist schon ein Horror! Da das eine oder andere nicht so angenehm zu putzen ist, ziehen Sie Gummihandschuhe an! Aber hier bitte auch Extra-Handschuhe und keinesfalls die, die Sie auch in der Küche benutzen!

Der **Badezimmerspiegel** wird mit einem Glasreiniger oder mit Essigwasser abgewischt und mit Zeitungs- oder Haushaltspapier nachgerieben. Es sollten keine Striemen mehr zu sehen sein.

Wischen Sie die **Fliesen** mit einem milden Reinigungsmittel oder auch mit Essigwasser ab. Vergessen Sie nicht die **Stellflächen**, auf denen der Rasierapparat, die elektrische Zahnbürste und andere Utensilien abgestellt werden. Die gehören auch dazu. Zum Thema **Zahnputzbecher**: Spülen Sie ihn häufiger aus, wenn Sie darin Ihre Zahnbürste deponieren. Durch von der Zahnbürste nach Gebrauch herunterlaufendes Wasser und Zahnpastareste ergibt mit der Zeit eine ziemlich unappetitliche Schicht. Wischen Sie auch über den **Heizkörper** und die **Fensterbank** und vergessen Sie die **Tür,** den **Türrahmen** und die **Türklinke** nicht! Nehmen Sie hierfür ein Desinfektionsmittel.

Duschabtrennungen bekommen gerne Kalkflecken. Vermeiden Sie diese durch regelmäßiges Abwischen – innen und außen! – mit Essigwasser.

Ist es schon zu spät, hilft nur noch – hoffentlich! – ein kalklösendes Reinigungsmittel.

Spätestens einmal in der Woche müssen **Handtücher** und **Waschlappen** gegen frische ausgetauscht werden. Besser ist zweimal wöchentlich. Beide können muffeln und das Unangenehme ist, dass Ihre Haut den Muffelgeruch annimmt. Sie riechen, obwohl Sie gerade frisch gewaschen sind. Denken Sie daran, ein Gästehandtuch aufzuhängen. Es sollte möglichst in einer anderen Farbe als Ihre Handtücher sein. Auch **Gästehandtücher** müssen gewechselt werden. Die **Badematte** und der **Toilettenvorleger** und der **Klodeckelbezug** gehören auch einmal pro Woche in die Waschmaschine.

Die **Toilette** ist ein heikles Thema, daher lohnt es sich, darauf besonders einzugehen, auch wenn es in diesem Buch bereits beschrieben wurde. Geben Sie Reinigungsmittel in das **WC-Becken** und verteilen Sie es gründlich mit der Klobürste. Reinigen Sie auch den Innenrand und den Abfluss. Wischen

Sie das **Äußere** des Toilettenbeckens ebenfalls ab und vergessen Sie nicht den **Klodeckel** und zwar auf der Innen- und Außenseite. Denken Sie an den **Wasserspülkasten** oder die eingebaute Drücktaste. Hierfür verwenden Sie am besten ein Desinfektionsmittel. Auch die **Klorollenhalterung,** die **Türklinke** und der **Lichtschalter** müssen damit abgewischt werden.

Geben Sie in den sauberen **Klobürstenhalter** etwas Wasser und einen Schuss Essig oder Sagrotan, damit auch die Bürste sauber bleibt. Ist sie stark verschmutzt, quälen Sie sich nicht mit der ekligen Reinigung. Kaufen Sie eine neue – die kostet nicht die Welt – und werfen Sie das alte Ding schnell weg.

Geben Sie einmal wöchentlich einen **WC-frisch-Aktiv-Tab** in den Abfluss und lassen Sie ihn über Nacht einwirken. Gegen hässliche **Urinsteinränder** im WC-Becken hilft das vorsichtige Bearbeiten mit einem Bimsstein, den Sie in der Drogerie erhalten.

Bevor Sie den **Boden** im Badezimmer wischen, saugen Sie ihn ab oder kehren Sie ihn auf. Logischerweise fallen Haare, Hautschüppchen etc. auf den Boden. Diese sind schwer mit dem Putzlappen aufzunehmen.

Nehmen Sie sich ab und an Zeit und schauen Sie Ihre **Kosmetika** durch. Auch hier gibt es Verfalldaten. Was nicht mehr zu verwenden ist, gehört in den Müll!

Fensterputzen

Wenn Sie morgens aus dem Fenster schauen und finden, dass es draußen sehr nebelig ist, kann das durchaus daran liegen, dass Ihre Fenster einfach nur dreckig sind. Viele putzen ihre Fenster gar nicht, weil sie glauben, dass das eine enorme Arbeit wäre. Ist es nicht, im Gegenteil, es geht blitzfix.

Zunächst inspizieren Sie die Fensterscheiben. Finden Sie **Flecken**, weichen Sie diese erst einmal ein. Lassen sie sich danach immer noch nicht von der Scheibe lösen, verwenden Sie eine scharfe Ziehklinge – gibt es in der Drogerie oder im Baumarkt – und kratzen den Fleck ganz vorsichtig ab. Besonders bewährt sich die Ziehklinge bei Farbspritzern auf der Scheibe.

Jetzt wischen Sie zuerst den **Fensterrahmen innen und außen** mit einem feuchten Schwamm, den Sie zuvor in Wasser mit Allzweckreiniger getaucht haben, ab. Danach wird der Rahmen mit einem leicht feuchten Tuch nachgewischt. Widmen Sie sich auch der **Fensterrille**. Hier befindet sich oft ziemlich viel Schmadder. Dem kommt man ganz gut mit angefeuchteten Wattestäbchen bei. Jetzt sprühen Sie Fensterreiniger auf beide Seiten der **Glasscheibe** und wischen mit zusammengeknülltem Zeitungs- oder Haushaltspapier nach. Statt des Glasreinigers können Sie auch Essigwasser nehmen, das Sie mit dem Schwamm auf der Scheibe verteilen und danach wie gehabt abwischen. Wenn Sie der stolze Besitzer eines **Abziehers mit Gummilippe** sind – gibt es in der Drogerie – geht es noch schneller. Die Angelegenheit ist aber etwas nass, zumindest so lange man noch nicht die richtige Übung hat. Legen Sie den Boden unter dem Fenster mit Zeitungspapier aus. Befeuchten Sie einen Schwamm und fahren Sie über die Scheibe. Befeuchten Sie die Gummilippe des Abziehers und ziehen Sie ihn oben quer über die Scheibe. Danach wird das Fenster Streifen für Streifen senkrecht abgezogen. Zum Schluss ziehen Sie das Fenster unten noch einmal quer ab. Eigentlich müsste es nun streifenfrei sauber sein. Finden Sie noch Streifen oder Wassertröpfchen, polieren Sie diese ganz einfach mit Zeitungs- oder Haushaltpapier nach, bis sie verschwunden sind. Sie sehen, das Fensterputzen ist eine Minutensache!

Wenn Sie schon dabei sind, die Fenster zu putzen, könnten Sie auch gleich die **Gardinen** waschen, denn die haben es bestimmt auch nötig. Wenn Sie vorhaben, die Gardinen in die Waschmaschine zu stecken, nehmen Sie sie praktischerweise vor dem Fensterputzen ab.

Wasch- und Bügeltag

Der Waschtag

Ob Sie nun in den Waschsalon gehen müssen oder eine Waschmaschine Ihr eigen nennen – bevor die Wäsche gewaschen wird, müssen Sie sie **sortieren**. Und zwar nach Kochwäsche, Buntwäsche und Feinwäsche. Sammeln Sie die Schmutzwäsche an einem luftigen, trockenen Ort, sonst bekommt sie vielleicht Stockflecken. Praktisch ist es, die Schmutzwäsche nicht erst vor dem Waschen, sondern schon von Anfang an zu sortieren. Wenn Sie den Platz dafür haben, stellen Sie entsprechende Körbe ins Schlaf- oder Badezimmer.

Die Teile, die nicht gewaschen, sondern nur in der chemischen Reinigung behandelt werden dürfen, legen Sie gleich von Anfang an beiseite und bringen sie auch möglichst schnell in die Reinigung, sonst liegen die Sachen wochenlang im Schlafzimmer, Bad oder sonst wo herum.

An jedem Kleidungsstück und an jedem Wäschestück ist ein **Stoffschildchen** angebracht, das anzeigt, wie es behandelt werden muss. Belassen

Sie die Schildchen da, wo sie sind. Sind sie einmal herausgetrennt, weiß man oft nicht mehr, was auf ihnen gestanden hat; das kann fatale Folgen haben. Auch für die Leute in der Reinigung sind die Schildchen wichtig.

Die Bedeutung der Symbole

Die wichtigste Regel bei der Wäschepflege ist, immer die **internationalen Pflegekennzeichen** zu beachten. Daraus ist genau zu ersehen, mit welchen Temperaturen und mit welchen Wäschestücken gemeinsam gewaschen werden darf, ob das Material farbecht und einlaufsicher ist oder ob es nur chemisch gereinigt werden darf. Man erkennt auch, mit welcher Bügeleiseneinstellung das Material geglättet werden soll. Wer sich an die Regeln hält, hat lange von seiner Kleidung oder seinen Wäschestücken.

95 Kochwäsche

60 Buntwäsche/ Normalwäsche

30 Feinwäsche

Normalwaschgang

Schonwaschgang

Handwäsche

nicht waschen

chloren möglich

nicht chloren

chemische Reinigung

keine chemische Reinigung

nicht zu heiß im Trockner trocknen

normal im Trockner trocknen

nicht im Trockner trocknen

starke Einstellung beim Bügeleisen
(Baumwolle, Leinen)

mittlere Einstellung beim Bügeleisen
(Wolle, Seide, Polyester, Viscose)

schwache Einstellung beim Bügeleisen
(Chemiefasern, z. B. Polyacryl, Polyamid,
Acetat)

nicht bügeln

Das Füllen der Waschmaschine
Die Wäsche muss – wie schon erwähnt – nach
Kochwäsche (90–95 °C), Buntwäsche (30–60 °C)
und Feinwäsche (40°C) sortiert werden.

Was ist Kochwäsche? Hierzu gehören Bettwäsche, Handtücher, Küchentücher, Baumwollunter-
wäsche. Achten Sie darauf, dass helle und farbige
Kochwäsche getrennt gewaschen werden, da sie
färben kann. Zum Beispiel passiert es garantiert,
dass ein blaues Handtuch, das versehentlich zwischen weiße gekommen ist, dafür sorgt, dass Ihre
weißen Handtücher zukünftig in einem schmutzi-
gen Hellblau im Bad hängen. Man kann natürlich
versuchen, das Malheur mithilfe von Entfärber
oder Chlorox zu beheben, häufig klappt das aber
nicht so gut. Also, lieber aufpassen!
Gewaschen wird mit einem **Vollwaschmittel**. Ist
die Wäsche fleckig, geben Sie **Fleckensalz** dazu.
Wie viel Sie pro Maschinenladung benötigen, steht
auf der Packung.

Was ist Buntwäsche? Das ist Wäsche, die von 30–60 °C gewaschen wird. Welche Temperatur für das jeweilige Wäschestück notwendig ist, steht, wie Sie ja schon wissen, auf dem Etikett. In der Regel gehören hier Oberhemden und Blusen dazu. Aber auch T-Shirts, Schlafanzüge und Nachthemden, Bademäntel etc. Auch Jeans wäscht man in der Regel mit 60 °C. Aber, aufgepasst: **Waschen Sie Jeans immer separat**. Sie färben auch bei der soundsovielten Wäsche immer noch! Verwendet wird ein **Buntwaschmittel**, das die Farben erhält.

Was ist Feinwäsche? Diese Wäsche darf mit 30–40 °C gewaschen werden. Verwendet wird ein **Feinwaschmittel**. Hierzu gehören Pullover, die in der Maschine gewaschen werden dürfen (hier ein Wollwaschmittel verwenden), Textilien aus Chemiefasern, Leinen und Seide, Badezimmervorleger etc.

Die Wäsche ist also sortiert. Jetzt wird geschaut, ob sich irgendwelche Dinge in in den Kleidungsstücken – z. B. in Hosen- oder Hemdtaschen –

befinden. Wenn Sie einen Geldschein versehentlich mitwaschen, ist der danach hin. Schlimm sind
auch vergessene Papiertaschentücher, die sich
während des Waschvorgangs in winzige Flusen
auflösen, die dann überall an der Wäsche hängen
und mühsam abgefummelt werden müssen. Oder
ein anderes Beispiel: Sie haben vergessen, ein
knallrotes Taschentuch aus Ihrer weißen Jeans zu
entfernen – die Jeans können Sie auch vergessen!
Hosen, Pullover, Blusen und Hemden werden vor
dem Waschen **auf „links" gedreht**. Sind **Reißverschlüsse** an den Kleidungsstücken, ziehen Sie
diese vor der Wäsche zu. Stark verschmutzte **Kragen und Manschetten** bei Hemden und Blusen
reibt man vor der Wäsche mit **Saptil** ein und lässt
das Spezialmittel mindestens 30 Minuten einziehen. Entfernen Sie Flecken vor der Wäsche (siehe
„Weg ist der Fleck", Seite 161), nähen Sie feh-
lende Knöpfe vor der Wäsche wieder an und reparieren Sie Risse oder ähnliches.

Kochwäsche zu waschen, ist problemlos. Wenn
Ihre Maschine einen Extra-Schleudergang hat,

nutzen Sie diesen. Die Wäsche braucht dann nicht so lange zum Trocknen. Ob Sie im letzten Waschgang einen **Weichspüler** hinzufügen, ist Ihnen überlassen. Wer einen Trockner hat, braucht das nicht. Handtücher, die nicht im Trockner getrocknet werden, werden ohne Weichspuler nach dem Trocknen ziemlich hart und könnten ersatzweise als „Luffahandschuh" dienen. Andererseits spart der Verzicht auf Weichspüler Geld und schont die Umwelt! Umweltfans empfehlen alternativ zum Weichspüler Essig. Er entkalkt die Maschine, die Wäsche wird schön weich und die Farben leuchten intensiver. Aber: Essig duftet halt nicht so gut wie Weichspüler!

Buntwäsche zu waschen, ist auch easy. Obwohl es Buntwäsche heißt, bepackt man hier die Waschtrommel auch nach Farben getrennt. Buntwäsche kann man zusätzlich noch einmal schleudern. Wenn Sie einen Trockner haben, achten Sie darauf, ob Ihre Buntwäsche in den Trockner darf. Viele Hemden, Blusen und T-Shirts, aber auch anderes, vertragen das ganz und gar nicht und schrumpfen unwiederbringlich zusammen. Dürfen die Sachen in den Trockner, nehmen Sie sie heraus, wenn sie noch leicht feucht sind. Sie lassen sich besser bügeln oder müssen nur noch zusammengelegt werden.

Bei der **Feinwäsche** ist man, wie der Name schon sagt, etwas vorsichtiger. Auf einen zusätzlichen Schleudergang sollte man verzichten, wenn Wäsche dabei ist, die auf Drahtbügel, wie beispielsweise **Büstenhalter**, gearbeitet ist. Die gebogenen Drahtteile nehmen solche Strapazen häufig übel. Leinen, Seide und Wolle werden allerhöchstens kurz angeschleudert. Turnschuhe, die Sie in der Waschmaschine waschen, dürfen natürlich auch nicht geschleudert werden.
Verzichten Sie darauf, Ihre **Strümpfe** oder Strumpfhosen in der Waschmaschine zu waschen. Die Strumpfhosen oder Strümpfe aus demselben Material ziehen zum einen Fäden und dann umwickeln sie während des Waschens die anderen Kleidungsstücke und sind oft schwer und selten ohne Schaden wieder zu entwirren. Wenn man

bedenkt, dass das Waschen von Strümpfen oder Strumpfhosen mit der Hand eine schnelle, allabendliche Angelegenheit z. B. vor oder nach dem Zähneputzen ist und man die Strümpfe über Nacht über dem Handtuchhalter trocknen kann, lohnt sich dieser Ärger nicht. Auch zarte **Dessous** sollte man nicht in der Waschmaschine waschen – Feinwäsche hin oder her. Weichen Sie Ihre teuren Stücke im Handwaschbecken für ca. 20 Minuten in einer warmen Feinwaschmittel- oder Haarshampoolauge ein, waschen Sie sie kurz durch, spülen Sie sie unter fließendem, kalten Wasser durch, drücken Sie sie leicht aus und hängen Sie sie wie Ihre Strümpfe über den Handtuchhalter.

Gardinen, z. B. Stores, werden nicht geschleudert – sie knittern sonst fürchterlich –, sondern nass aufgehängt. Für Gardinen gibt es spezielle Waschmittel. Sie können aber auch normales Waschmittel nehmen. Geben Sie dann 1/2 Päckchen Backpulver dazu, das macht die Gardinen schön weiß.

Packen Sie die Waschmaschine nicht zu voll
Eine Füllung bis zu zwei Dritteln reicht, sonst kommt die Lauge nicht voll und ganz an den Schmutz heran. Verwenden Sie auch nur so viel Waschmittel, wie auf dem Paket angegeben. Praktisch sind die **Waschmittel-Tabs**, das erspart das Abfüllen in den Waschmittel-Messbecher. Denken Sie daran, dass Waschmaschinen länger leben, wenn Sie **Calgon** gegen Kalkablagerungen im Getriebe der Maschine verwenden. Das Mittel wird zusätzlich zum Waschmittel gegeben; keinesfalls ersatzweise!

Seide und Wolle
Seide und Wolle sind heikle Kandidaten, wenn sie nicht in der Waschmaschine (bei Wolle nur, wenn

ein Spezial-Wollwaschgang zur Maschinenleistung gehört) gewaschen werden dürfen. Man muss sowieso teuflisch aufpassen; oft sind Stücke aus diesen Materialien nicht farbecht. Wolle hat zudem noch die unangenehme Angewohnheit, Flusen in der Waschmaschine zu hinterlassen, die nach dem Waschen gründlichst aus den Ritzen der Trommel entfernt werden müssen.

Besser ist es in jedem Fall, solche Sachen mit der Hand zu waschen. Dabei ist einiges zu beachten. Das Kleidungsstück wird auf links gedreht – also die Innenseite nach außen drehen – und in reichlich warme – nicht zu heiße – Waschlauge im Handwaschbecken gelegt. Für Wolle nehmen Sie Wollwaschmittel oder Haarshampoo, für Seide Feinwaschmittel oder auch Haarshampoo. Waschen Sie immer nur ein Teil nach dem anderen aus und erstellen Sie pro Teil eine neue Waschlauge. Das Kleidungsstück wird in der Lauge mehrmals sanft durchgedrückt; gerubbelt darf nicht werden. Das gewaschene Stück wird danach einige Male in kaltem Wasser nachgespült, bis das Wasser klar bleibt. In das letzte Spülwasser geben Sie einen kleinen Schuss Essig; er erhält die Leuchtkraft der Farben. Das gute Stück wird jetzt keinesfalls ausgewrungen, sondern das Wasser mehrfach ausgedrückt – aber bitte mit Gefühl! Seidenteile hängen Sie jetzt zum Trocknen am besten auf einen Bügel. Ein Pullover wird ausgebreitet, zurechtgezogen und auf ein großes Frotteehandtuch gelegt, das man fest zusammenrollt. Den Vorgang sollte man ein- bis zweimal wiederholen. Zum Trocknen breitet man ein weiteres Handtuch auf einem Wäschegestell aus und legt den Pullover glatt darauf. Es wird häufig empfohlen, Pullover über Bügel zu hängen und so trocknen zu lassen. Es kann aber passieren, dass der Pullover dann in die Länge geht. Wenn Sie Ihren Pulli aufhängen wollen oder es aus Platzmangel müssen, nehmen Sie **aufblasbare Kleiderbügel** oder wenigstens **abgerundete Bügel**, sonst bekommen Sie hässliche Ausbuchtungen an den Ärmeln. Kommen Sie nicht auf die Idee, Ihren Pulli in der Sonne oder auf der Heizung zu trocknen. Das geht zwar schneller, ruiniert aber den Pullover.

Tipp: Sündhaft teure Kaschmirpullover oder Lieblingspullis, die Flecken haben, von denen man ahnt, dass sie in der Handwäsche nicht herausgehen, tragen Sie lieber in die Reinigung.

Das Trocknen der Wäsche

Abgesehen von der Spezialbehandlung, die Woll- und Seidensachen erfahren, muss auch die andere Wäsche irgendwie getrocknet werden. In der

Regel gehört zu einer Mietwohnung kein Garten mit einer Wäschespinne, die man benutzen darf. Im Idealfall hat man einen Balkon. Was bei schönem Wetter alle Probleme löst, denn man hängt die Wäsche einfach über das **Wäschegestell** und lässt die Sonne arbeiten. Bei Schlechtwetter und im Winter ist die Angelegenheit inhäusig zu lösen. Hoffentlich haben Sie im Haus einen Wäschekeller, denn große Stücke wie z. B. Bettwäsche kommen auf die Wäscheleine. Gibt es so etwas nicht im Haus, sollten Sie sich einen Trockner anschaffen, falls Sie in Küche, Bad oder Keller einen Stellplatz dafür haben. Wenn nicht, bleibt Ihnen nichts anderes übrig, als die Bettwäsche in der Wäscherei abzugeben. Auf die Dauer ist das zwar kostspielig, aber was will man machen? Für handlichere Teile ist ein über der Badewanne oder woanders im Bad an die Wand zu dübelnder **Ausklapptrockner** praktisch. Zusätzlich braucht man noch ein oder zwei Ausklapptrockner zum Aufstellen. Hosen hängen Sie mit dem Bund nach oben auf, T-Shirts, Hemden usw. hängt man über einen abgerundeten Kleiderbügel. Nehmen Sie hierfür keine Wäscheklammern; die Kniffe müssen Sie später mühselig wieder herausbügeln. Achten Sie darauf, dass Wäscheleinen und -klammern immer pikobello sauber sind. Es wäre zu ärgerlich, wenn Sie Schmutzabdrücke von der Leine oder den Klammern auf der sauberen Wäsche hätten – der Waschvorgang beginnt von vorne!

Bügeln leicht gemacht

Manchen ist das Bügeln ein Horror, andere empfinden es als entspannend. Schlagen Sie zwei Fliegen mit einer Klappe: Bügeln Sie beim Fernsehen. Dabei kann man Unmengen an Wäsche wegschaffen und merkt es nicht einmal.

Von Bügelbrettern und Bügeleisen

Um überhaupt bügeln zu können, brauchen Sie ein vernüftiges **Bügelbrett**, das eine weiche Auflage und möglichst eine Steckdose sowie ein Kabel mit Stecker am Brett selbst hat. In die Steckdose kommt der Stecker des Bügeleisens, während wiederum der Stecker an der Schnur des Bügelbretts in die Wandsteckdose gesteckt wird. Das gibt

Ihnen mehr Freiheit für das Hantieren mit dem Bügeleisen. Wenn Sie zu den Menschen gehören, die Bügelkniffe in den Ärmeln hassen, brauchen Sie ein **Ärmelbügelbrett**.

Welches **Bügeleisen** ist besser – Dampf oder normal? **Dampfbügeleisen** erleichtern das Bügeln ungemein, sind aber schwerer als normale Bügeleisen. Will man mit Dampf bügeln – was beste Bügelergebnisse erzielt –, wird das Eisen mit destilliertem Wasser (aus der Drogerie) gefüllt. Wenn Sie Leitungswasser verwenden, verkalkt das Eisen mit der Zeit. Das Befüllen mit Wasser hat den Nachteil, dass es überläuft, wenn das Fassungsvermögen des Eisens überschätzt wurde; manchmal tropfen diese Bügeleisen auch. Das kann bei empfindlichen Materialien wie z. B. Seide Wasserflecken erzeugen. Wenn Sie mit einem normalen Bügeleisen dämpfen möchten, benötigen Sie dazu ein feuchtes, farbechtes, möglichst weißes Baumwolltuch. Anschaffenswert ist auch eine **Sprühflasche**, die Sie mit Wasser – am besten destilliert – füllen. Schlecht bügelbare Wäschestücke werden feucht benebelt, zusammengerollt und dann gebügelt, wenn die Feuchtigkeit durchgezogen ist.

Die Wäsche nach Bügeltemperatur sortieren
Bevor Sie mit dem Bügeln beginnen, sortieren Sie
die Wäsche nach der Bügeltemperatur. Beginnen
Sie mit der **niedrigsten Temperatureinstellung**.
Sie bügeln jetzt alles, was aus Chemiefasern
besteht. Danach kommen Stücke, die mit **mittlerer Temperatur** gebügelt werden, z. B. aus Wolle,
Seide, Polyester, Viskose. Hier wäre das Dampfbügeleisen schon angebracht. Wolle oder Seide
sollten beispielsweise bei leichter Dampfeinstel-
lung gebügelt werden, sonst werden diese Materialien glänzend. Wer kein Dampfbügeleisen hat,
muss ein **feuchtes Tuch** über das zu bügelnde Teil
legen. Bei **starker Temperatureinstellung** werden Baumwolle und Leinen gebügelt. Hier wird
das Dampfbügeleisen am häufigsten eingesetzt.
Bestickte T-Shirts drehen Sie auf links und über-
bügeln die Stickerei somit von hinten. Zur Sicherheit legen Sie ein Tuch unter das Bügeleisen. Verfahren Sie auch so bei mit Aufdrucken verzierten
Shirts. Seien Sie besonders vorsichtig, wenn es
sich um erhabene Aufdrucke handelt, die aus
Gummi- oder Kunststoff sind. Gehen Sie wie

beschrieben vor und niemals direkt mit dem Bügeleisen auf den Stoff. Die aufgebrachte Bedruckung schmilzt und die Bügelfläche des Eisens ist verklebt. Die klebrige, fest haftende Schicht bekommen Sie meist nicht mehr ab und Sie müssen sich ein neues Bügeleisen anschaffen.

Stellen Sie das Bügeleisen während kleinerer **Pausen** immer auf den Metallabstellplatz, sonst haben Sie ganz schnell Brandflecken auf Ihrem zu bügelnden Stück oder auf dem Bügelbrettbezug.

Grundsätzlich können Sie das Bügeleisen beim letzten Bügelstück ausschalten. Die Restwärme ist noch ausreichend und Sie sparen Energie.

Dampfbügeleisen ja oder nein – Sie sparen in jedem Fall viel Zeit, wenn Sie die Bügelwäsche bereits **feucht von der Leine** nehmen.

Überlegen Sie auch, ob es Sinn macht, Bettwäsche, Unterwäsche oder Handtücher zu bügeln. Bettwäsche dreht man sinnvollerweise schon beim Waschen auf links und bügelt sie auch von links. Belassen Sie sie auch beim Zusammenlegen so, das Bettenbeziehen geht so viel schneller. Sie arbeiten sich von innen im Bezug bis zu den oberen Ecken vor, packen die Bettdecke oder das Kopfkissen mit dem Bezug an den oberen Enden und stülpen den Bezug über. Der Bezug ist wieder auf rechts und die Bettdecke sitzt drin!

Lassen Sie frisch gebügelte Wäsche immer erst **auslüften**, bevor sie in den Schrank kommt. Ist die Wäsche noch leicht feucht, können sonst Stockflecken entstehen.

Acht Minuten für ein Oberhemd

Es gibt Leute, die sind ein wahrer Rastelli mit dem Bügeleisen und schaffen es sogar in fünf Minuten, ein Oberhemd zu bügeln. Aber das ist eine Kunst. Wer es in acht Minuten schafft, ist schon ein Profi! Wenn Sie zu Beginn weit länger brauchen, trösten Sie sich – Übung macht den Meister. Und mit der entsprechenden Erfahrung werden auch Sie bald ein Genie in Sachen Hemdenbügeln sein – ganz gleich, ob Sie Männlein oder Weiblein sind.

Das Hemd sollte **bügelfeucht** sein. Heizen Sie das Bügeleisen auf, bis die Lampe erlischt. Beginnen Sie mit einem der Ärmel. Bügeln Sie zuerst den Schlitzansatz und dann die Manschette; bügeln Sie um den Knopf herum. Knöpfen Sie die Manschette zu. Streichen Sie den Ärmel glatt und bügeln Sie den Ärmel von der zugeknöpften Manschette bis zur Schulternaht und dann von der Achsel zurück zur Manschette. Bügeln Sie den anderen Ärmel auf die gleiche Weise. Nun kommt der Kragen mit dem Steg sowie die Passe dran. Bügeln Sie von den Kragenspitzen zur Mitte hin. Danach bügeln Sie das Rückenteil. Zuletzt kommen die Vorderseiten, wobei der Knopflochleiste besonderes Augenmerk geschenkt werden muss. Die Vorderseite mit den Knöpfen wird vorsichtig gebügelt und zwar um die Knöpfe herum oder bügeln Sie die Knopfleiste am besten von links auf einer sehr weichen Unterlage. Fertig! Natürlich können Sie das Hemd auch in einer anderen Reihenfolge bügeln. Probieren Sie am besten aus, was Ihnen am leichtesten von der Hand geht. Hängen Sie das gebügelte Hemd auf einen Kleiderbügel und knöpfen Sie es zu. Manche legen die Hemden nach dem Bügeln zusammen. Aber man hat dann eben die Falten vom Zusammenlegen im Hemd!

Bundfalten oder keine?

Eine **Hose** zu bügeln ist nicht so schwer, wie man denkt. Allerdings sollte man sich überlegen, ob sie unbedingt komplett gebügelt werden muss. Bei Bluejeans reicht es, wenn die Saumkanten unten an den Hosenbeinen geplättet werden. Jeans mit Bügelfalten sind spießig und megaout!

Die Hose sollte **bügelfeucht** sein und das Bügeleisen die richtige Einstellung haben. Bei Wollstoffhosen sollten Sie grundsätzlich ein leicht feuchtes Tuch über den Stoff legen, damit er nicht vom Bügeln glänzend wird. Die Hose haben Sie beim Waschen **auf links** gedreht und so bleibt sie vorerst auch beim Bügeln. Den zum Waschen geschlossenen **Reißverschluss** öffnen Sie. Ziehen Sie den oberen Teil der Hose bis zum Schritt über das Bügelbrett. Bügeln Sie den Bund, den Hosenschlitz, das Vorder- und das Hinterteil der Hose bis zum Schritt. Bügeln Sie die Innentaschen mit. Ziehen Sie die Hose vom Bügelbrett, legen Sie ein Hosenbein Naht auf Naht und bügeln Sie die Innen-, dann die Außenseite. Bügeln Sie die Nähte auseinander. Machen Sie es beim anderen Bein genauso. Drehen Sie die Hose auf **rechts**. Bügeln Sie erneut Bund, Hosenschlitz, Vorder- und Rückseite bis zum Schritt. Nehmen Sie die Hose vom Brett, schließen Sie den Reißverschluss und bügeln Sie die Hosenbeine wie bereits beschrieben. Für eine **scharfe Bügelfalte** legen Sie die innere und äußere Naht des Hosenbeins aufeinander. Beachten Sie, dass die exakte Hosenmitte auf den Abnäher am Bund trifft. Hier sitzt auch die Hauptbundfaltenhosenfalte, auf die die Hosenfalte ebenfalls korrekt treffen muss. Bügeln Sie das Hosenbein vom Saum aus nach oben. Bearbeiten Sie so beide Seiten des Hosenbeines und nehmen Sie sich dann das nächste Hosenbein vor. Tolle Ergebnisse erzielt man bei Bügelfalten mithilfe des Dampfbügeleisens. Hängen Sie die Hose auf dem Hosenbügel auf und lassen Sie sie auskühlen.

Wenn Sie einen glatten **Rock** bügeln, geht das im Prinzip genauso. Bund, Reißverschluss, Nähte, Rockvorder- und Rückseite werden zunächst von links, später von rechts gebügelt. Das Rockfutter nicht vergessen! **Tipp:** Futter ist meist aus Taft oder einem anderen Kunstfaser-Gewebe. Hier unbedingt die entsprechend geringere Bügeltemperatur einstellen, sonst schnurrt das Futter zusammen!

Lose Knöpfe und andere Näharbeiten

Quälen Sie sich grundsätzlich nicht damit, größere Reparaturen an Ihren Kleidungsstücken und an anderen Textilien vorzunehmen. Wenn Sie nicht ohnehin sehr viel Spaß am Nähen haben und es gar als Hobby betreiben, überlassen Sie neue Reißverschlüsse, das Kürzen und Verlängern, das Enger- und das Weitermachenlassen von Kleidungsstücken sowie das Flicken von Rissen und Löchern getrost der Änderungsschneiderei. Ausgerissene Säume und das schlichte Knopfannähen kriegen Sie aber hin. Zu Ihrem Hausrat sollte ein **Nähkästchen** gehören. Hier finden Sie auf Anhieb alles, was Sie zum Nähen brauchen: Nähnadeln in verschiedenen Größen, Stecknadeln, Sicherheitsnadeln, Metermaß, Garne in verschiedenen Farben, Ersatzknöpfe und eine Schere.

So bessern Sie einen Saum aus

Bei einer ausgerissenen Saumnaht dreht man das Kleidungsstück auf links und fädelt einen nicht zu langen Faden in das Nadelöhr ein, den man an einem Ende verknotet. Mit ein paar Stichen auf der Saumstoffunterseite befestigen Sie den Faden.

Klappen Sie etwa einen halben Zentimeter des Saumstoffs nach oben und nähen Sie nun so, dass Sie mit der Nadel etwas vom Saumstoff und etwas von dem Stoff, auf dem der Saum befestigt werden soll, erfassen. Die Stiche, die durch den Stoff gehen, müssen sehr fein sein. Ziehen Sie den Faden nicht zu fest nach, geben Sie ihm etwas „Luft". Sind Sie mit dem Saum fertig, befestigen Sie den Faden wieder mit ein paar Stichen auf der Saumstoffunterseite, verknoten ihn direkt am Stoff und schneiden ihn ab. Dämpfen Sie die neue Saumnaht mit dem Bügeleisen.

Ist Ihnen an einem Lederrock oder einer -hose der Saum aufgegangen, kaufen Sie sich einen Spezialkleber für **Leder** und kleben den Saum ganz einfach wieder fest.

So näht man einen Knopf an

Wenn an einem Kleidungsstück ein Knopf abgegangen ist, wäre es gut, wenn Sie den Knopf gefunden und aufbewahrt haben oder noch ein Ersatzknopf da ist. Ansonsten müssten Sie alle Knöpfe erneuern, was je nach Kleidungsstück teuer werden kann – etwas Arbeit macht es auch. Es ist daher ratsam, regelmäßig zu prüfen, ob alle Knöpfe noch gut sitzen. Suchen Sie nach einem Garnröllchen, das dem Faden und der Farbe entspricht, mit dem die anderen Knöpfe am Kleidungsstück angenäht sind. Gibt es nur diesen einzigen Knopf, muss der Faden zum Kleidungsstück passen. Schneiden Sie einen nicht zu langen Faden ab und fädeln Sie ihn durch das Nadelöhr. Das geht gut, wenn man das einzufädelnde Fadenende mit etwas Spucke befeuchtet. Man kann statt dessen auch einen **Einfädler** – gibt es im Kurzwarengeschäft – verwenden. Schauen Sie nach, wie die anderen Knöpfe des Kleidungsstückes angenäht wurden und nähen Sie den fehlenden Knopf auf die gleiche Weise an. Es gibt Knöpfe mit zwei und vier Löchern. Bei vierlöchrigen Knöpfen werden die Löcher waagerecht oder senkrecht oder über Kreuz miteinander verbunden. Es gibt auch Knöpfe, die unten lediglich eine Öse haben. Hier wird dann die Öse am Stoff befestigt.

Verknoten Sie die beiden Fadenenden miteinander. Dort, wo der Knopf zuvor gesessen hat – meist durch Fadenreste oder Einstichlöcher gut zu erkennen – wird begonnen. Von der Innenseite des Kleidungsstückes sticht man nach außen durch das erste Loch des Knopfes. Stechen Sie wie bei den anderen Knöpfen von oben durch das andere Loch nach unten in die Innenseite des Kleidungsstücks. Wiederholen Sie das Ganze, bis der Knopf fest sitzt. Stechen Sie von der Innenseite wieder heraus, diesmal aber nicht in ein Knopfloch, sondern nur in den Stoff unter den Knopflochlöchern und umwickeln Sie den Knopf einige Male. Es entsteht ein kleiner Stiel. Fahren Sie nun mit der Nadel zurück in die Innenseite und vernähen Sie den Faden. Hierfür stechen Sie mit der Nadel so durch den Faden, dass eine kleine Schlinge entsteht, durch die die Nadel gezogen wird und dadurch ein Knoten entsteht. Das machen Sie dreimal und schneiden den Faden ab.

Textilpflege
Wissenswertes von A bis Z

Angorapullover

Angorapullover fusseln. Das lässt sich vermeiden, wenn Sie den Pulli vor dem Anziehen in eine Plastiktüte und dann für zwei Stunden ins **Gefrierfach** geben.

Anstecknadeln

Beim Anstecken von Broschen und Anstecknadeln sollten Sie ein kleines Stück **Gummiband** mitfassen, damit Sie Ihre schönen Stücke nicht so leicht verlieren. Stecken Sie nach Möglichkeit keine **Broschen** an Seidenblusen. Die Einstechlöcher bleiben. Stecken Sie Broschen besser an Jacken, Pullover, Wollblusen.

Anzug

Anzüge **bürstet** man in Fadenrichtung mit einer in Salmiak getauchten Bürste. **Lüften** Sie sie regelmäßig bei offenem Fenster oder auf dem Balkon.

Aufhänger

Bei Handtüchern und Waschlappen reißen gerne die Aufhänger ab. Nähen Sie einen Aufhänger aus gehäkelten **Luftmaschen** an; er hält viel länger. Oder ersetzen Sie die Aufhänger durch **Gummilitze**.

Baumwollpullis

Baumwollgarnpullis leiern beim Waschen in der Waschmaschine nicht aus, wenn man sie in einen **Kissenbezug** steckt und diesen gut zuknöpft.

Bettwäsche

Bettwäsche sollten Sie immer **von links** waschen und bügeln. Zum Beziehen nicht umstülpen, sondern einfach überziehen. Schließen Sie die **Knöpfe** an der Bettwäsche, sonst sammelt sich die übrige Wäsche darin. Nähen Sie anstelle von Knöpfen **Kletthaftband** an die Bettbezüge. Das Beziehen geht schneller.

Bleichmittel

Vergilbte Feinwäsche wird weiß, wenn Sie sie im letzten Spülgang in zehn Litern Wasser, verrührt mit einem Esslöffel **Borax**, spülen.

Blusen

Blusen rutschen leicht vom **Bügel**. Befestigen Sie am Bügelende etwas Schaumstoff und die Blusen rutschen nicht mehr herunter. **Baumwollblusen** etwas größer kaufen und vor dem Tragen heiß waschen. Sie gehen ein!

Bruchkanten

Beim Bügeln von Kleidern sollten Sie darauf achten, nur die Bruchkanten und den Saum nicht auf der Saumnaht zu bügeln. Der Saum zeichnet sich sonst unschön auf der anderen Seite ab.

Bügeleisen

Auch Dampfbügeleisen müssen **entkalkt** werden. Füllen Sie Ihr Eisen zu gleichen Teilen mit Wasser und Essig auf, lassen Sie es ein wenig abdampfen und dann eine Stunde stehen. Lassen Sie es nun ganz entdampfen, füllen Sie es mit klarem Wasser auf und dampfen Sie es erneut aus. Wenn Sie Ablagerungen in Ihrem Eisen vermeiden möchten, benutzen Sie grundsätzlich **destilliertes Wasser**. Anstelle von destilliertem Wasser können Sie auch das **Kondenswasser** aus dem Wäschetrockner nehmen. Geben Sie etwas **Haselnussessenz** mit dem Wasser in Ihr Dampfbügeleisen – Ihre Kleider duften herrlich. Nehmen Sie einen Spritzer Ihres **Lieblingsduftes**. Nur Eau de Cologne oder Eau de Toilette verwenden, niemals öliges Parfüm!

Braune Flecken oder auch Brandflecken auf der **Bügelsohle** lassen sich durch eine heiße Salz-Essig-Lösung entfernen. Reiben Sie mit dieser Mischung die Bügelsohle gut ab. Die Außenseite Ihrer Bügelsohle können Sie ganz einfach mit Zahnpasta reinigen. Bei stumpfer **Gleitfläche** stellen

Sie Ihr kaltes Eisen für gut 10 Minuten auf ein in Essig getränktes Handtuch. Danach gleitet es wieder.

Chintz
Bügeln Sie Chintz von rechts, dann glänzt er.

Crêpestoff
Crêpestoff bügelt man auf einem Frottierhandtuch.

Deckchen bügeln
Runde Deckchen bügelt man von innen nach außen. So bleiben sie in Form.

Einlaufen
Neue Stoffe laufen nicht so sehr ein, wenn die erste Wäsche mit handwarmem Wasser erfolgt.

Falten und Knitter
Falten in Kleidungsstücken kann man auch ohne Bügeln beseitigen. Hängen Sie das Kleidungsstück ins **Badezimmer**. Beim nächsten intensiven Duschen glättet der heiße Dampf das Kleidungs-

stück. Eine hartnäckige **Saumfalte** tränken Sie mit Essigwasser und bügeln sie aus.

Faltenröcke bügeln
Faltenröcke bügelt man, indem man die Falten vorher mit Stecknadeln zusteckt.

Farben auffrischen
Frischen Sie die Farben Ihrer Wäsche auf. Geben Sie dem letzten Spülgang Essig zu.

Federbett
Ab und zu sollten Federbetten in die Reinigung. Man kann sie selbst aber besonders gut lüften, indem man die Inlettnaht ca. 5 cm auftrennt und einen Föhn hineinhält.

Fransen
Fransen kleben nach dem Waschen gern zusammen. Bürsten Sie sie im feuchten Zustand mit einer Nagelbürste aus.

Gardinen

Gardinenringe braucht man beim Waschen nicht abzunehmen. Binden Sie alte Strümpfe über die Haken und binden Sie die Strümpfe fest zu. Geben Sie kleinere Gardinen zum Waschen in ein **Kopfkissen**. Ist bei Gardinen am unteren Ende ein **Bleiband** eingenäht, hängen Gardinen besonders schön und Knitter nach dem Waschen verschwinden fast von allein. Das Bleiband muss aber kurz vor den Enden aufhören, da die Ecken sonst herunterhängen. Ein **Loch** in der Gardine? Tauchen Sie etwas Gardinenstoff in aufgelöste Stärke und bügeln Sie ihn auf die defekte Stelle auf. Fehlt Ihnen beim Aufhängen des Vorhangs der **Gardinenfeststeller**, kleben Sie in das Loch Knetgummi oder Kaugummi. Es hilft auch ein kleines, zusammengefaltetes Stück Papier. Das sind aber nur vorübergehende Lösungen!

Gestärkte Wäsche

Setzen Sie dem Stärkewasser etwas Salz zu und die Wäsche bleibt nicht am Bügeleisen kleben.

Gummiband einziehen

Man näht oder steckt das neue Gummiband an das alte. Wenn man den alten Gummi herauszieht, wird das neue Gummiband gleich eingezogen.

Handtücher

Wenn man an beiden Seiten Aufhänger annäht, werden die Handtücher gleichmäßiger abgenutzt.

Hemden zusammenlegen

Herrenoberhemden legen Sie perfekt zusammen, indem Sie ein Stück Pappe (wie bei neugekauften Hemden) in das gebügelte Hemd schieben.

Jeans

Neue Jeans immer mit alten waschen, da die neuen Hosen Farbe abgeben und die alten so wieder eine **frischere Farbe** bekommen. Grundsätzlich Jeans immer mit der **Innenseite nach außen** waschen.
Neue Jeans **bleichen** nicht aus, wenn Sie sie vor dem Waschen etwa eine Stunde in kaltes Salzwasser legen. Waschen Sie die Jeans dann im Kaltwaschgang.

Kniebeulen

Bei Kniebeulen an Hosen legt man die Hose mit den Nähten zunächst seitlich, bedeckt die Kniebeule mit einem feuchten Tuch und schiebt sie mit dem heißen Eisen zusammen. Danach erst wie üblich Falten und die Bügelfalte pressen.

Knöpfe

Empfindliche Knöpfe überzieht man vor dem Waschen mit farblosem **Nagellack** oder umwickelt sie mit **Alufolie**. Versiegeln Sie den **Faden** von angenähten Knöpfen mit farblosem Nagellack. Er hält viel länger. Der **unterste Knopf** an Schürzen, Hemdblusenkleidern und Röcken reißt oft aus. Nähen Sie von der Innenseite einen anderen Knopf dagegen. Ordnung ist in der **Knopfschachtel** schnell erreicht: Fädeln Sie die Knöpfe auf einen Wollfaden, den Sie an den Enden dick verknoten.

Knopflöcher

Knopflöcher in Strickjacken näht man vor dem Waschen mit großen Stichen zu. So weiten sie sich nicht aus.

Krawatte

Verknitterte Krawatten bekommen Sie glatt, wenn Sie eine Lage Seidenpapier rollen und in die Krawatte schieben. Leicht darüber bügeln und das Papier noch eine Zeitlang in der Krawatte belassen. Krawatten werden niemals gewaschen, sondern in die Reinigung gegeben.

Lackgürtel

Lackgürtel brechen nicht, wenn man sie an der Schnalle aufhängt. Nicht rollen!

Reißverschluss

Klemmende Reißverschlüsse funktionieren wieder, wenn man sie an beiden Kanten mit Seife eingerieben hat oder beidseitig mit einem Bleistift hoch- und heruntergefahren ist oder mit Margarine bestreicht oder einfach mit Haarspray besprüht.

Samt

Verstaubter Samt wird mit einer Bürste, die in **Salz** eingetaucht wurde, gesäubert. Sie können Flusen von Samt auch mit **Tesafilmstreifen** abnehmen.

Schnürsenkel

Lassen sich Schnürsenkel schlecht durchziehen, tauchen Sie die Spitzen in farblosen Nagellack.

Schuhe

Schuhe sollten nur jeden zweiten Tag getragen werden, in der Zwischenzeit gehören sie auf den **Schuhspanner**, so können sie gut auslüften. Schuhe, die **färben**, reiben Sie mit Essig aus. Bei **drückenden** Schuhen geben Sie ein paar Tropfen Alkohol in die Schuhe und ziehen die Schuhe danach sofort an. **Schmutzränder** an weißen Lederschuhen mit einer Waschpulverlösung einreiben. Danach eincremen. **Lederschuhe** pflegt man grundsätzlich nur mit Schuhcreme; das Leder wird sonst brüchig. **Nasse Schuhe** stopfen Sie mit Zeitungspapier aus und lassen sie bei Zimmertemperatur trocknen. Niemals auf die Heizung stellen.

Matte Lederschuhe werden durch das Abreiben mit einer Bananenschale wieder glänzend. **Salzränder** an Schuhen reibt man mit der Schnittfläche einer halben, rohen Zwiebel oder Kartoffel ab. **Lackschuhe** putzt man mit Milch.

Wildlederschuhe und -taschen sehen wie neu aus, wenn man sie mit Teppichschaum reinigt und anschließend mit Wildlederspray besprüht. Die **Absätze** Ihrer Pumps pinseln Sie mit farblosem Nagellack an. Das Leder zieht sich nicht so schnell hoch und die Kratzer sind nicht gleich so tief. Zu glatte **Schuhsohlen** raut man mit Schmirgelpapier auf.

Spitze

Spitze wäscht man bei 30 °C in der Waschmaschine. Man gibt sie zur Schonung in ein kleines, weißes **Leinensäckchen**. Gewaschene Spitze wickelt man zum **Trocknen** über ein Tuch um eine Flasche. Spitze **bügelt** man schonend unter einem dünnen Tuch. **Lappig** gewordene Spitzen- und Häkeldeckchen besprüht man nach dem Spannen mit Haarspray.

Tennissocken

Tennissocken werden mit der Zeit grau. Legen Sie beim Waschen ein Leinensäckchen mit Zitronenschalen dazu; die Socken werden wieder schön weiß. Das hilft auch bei Weißwäsche.

Trockner

Wäsche wird im Trockner noch weicher, wenn Sie einen mit Weichspüler angefeuchteten Waschlappen in den Trockner geben.

Wolldecken trocknen

Wolldecken hängt man im Dreieck über die Wäscheleine, dann verziehen sie sich nicht.

Weg ist der Fleck
Kleine Fleckenmittelkunde von A bis Z

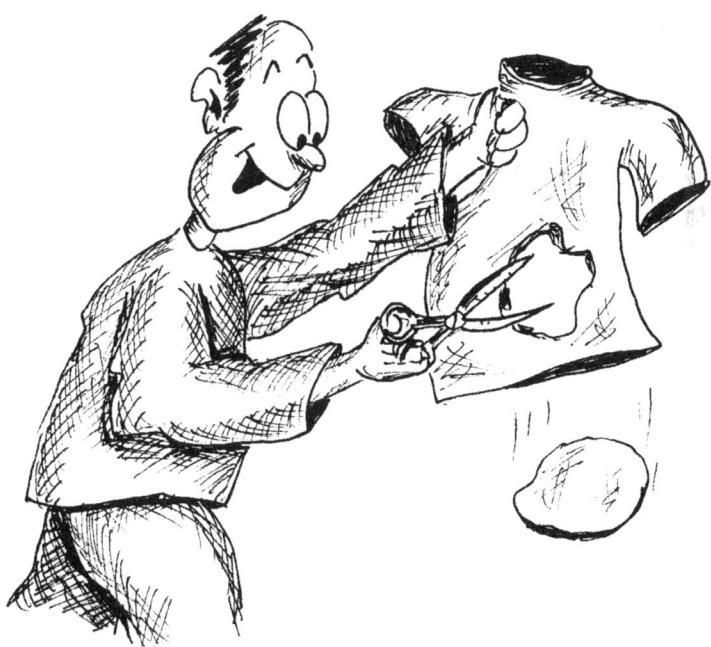

Flecken auf teuren Kleidungsstücken sollte man nicht unbedingt selbst zu Leibe rücken. Hier lohnt sich der Gang zur Reinigung. Grundsätzlich ist das Fleckentfernen irgendwie Glückssache. Wichtig ist, den Fleck so schnell wie möglich zu behandeln. Am besten ist natürlich, Flecken zu vermeiden. Auch wenn Sie es albern finden, binden Sie sich beim Kochen und bei der Hausarbeit eine Schürze um. Binden Sie sich Ihre Krawatte morgens erst dann um, wenn Sie gefrühstückt haben.

Allgemeine Hinweise
Fleckenwasser kann man ganz einfach selbst herstellen. Mischen Sie zwei Teile Wasser und einen Teil Spiritus. Gegen Flecken kann auch **Rasiercreme** helfen. Schäumen Sie den Fleck damit ein und lassen Sie ihn etwas einwirken. Anschließend gut ausspülen. **Gallseife** ist ein hervorragendes Fleckenmittel. Flecken in Wäsche sind ein häufiges Problem. **Reines Mineralwasser** ist ein sehr wirksamer Fleckenlöser. Lassen Sie es kurz einwirken und nehmen Sie es mit dem Handtuch

wieder auf. Bei **älteren Flecken** nehmen Sie zwei
Esslöffel Waschmittel und drei Esslöffel Essig auf
einen Liter warmes Wasser. Reiben Sie damit den
Fleck ein und lassen Sie ihn gut trocknen. Der Rest
macht sich dann hoffentlich von alleine. Sind die
Flecken besonders **hartnäckig**, reiben Sie mit
einer Bürste eine Waschmittel-Wasser-Lösung
kreuz und quer über den Fleck und lassen ihn
abtrocknen. Gegebenenfalls wiederholen.

Alkohol

Alkoholflecken waschen Sie einfach mit kaltem
Wasser aus. **Bierflecken** tupft man mit einer
Mischung aus Spiritus und Wasser ab. Ein saug-
fähiges Tuch über den Fleck legen und mit einem
warmen Bügeleisen und einem Bügeltuch trocken-
dämpfen. Bei eingetrockneten Bierflecken einen
Eierbecher voll Weißweinessig in $1/2$ Liter Wasser
geben und den Fleck mit der Verdünnung bearbeiten. **Cognacflecken** bearbeiten Sie am besten mit
96%igem Alkohol. Reiben Sie damit den Fleck
aus dem Stoff. Eine noch schnellere und bessere
Wirkung erzielen Sie, wenn Sie den Alkohol vor-

her im Wasserbad erhitzen. **Weißwein** mit klarem, warmem Wasser auswaschen, danach bei Polstermöbeln mit Teppichshampoo behandeln. Waschbare Materialien in eine Boraxlösung einlegen. Bei **Rotwein** sollten Sie etwas Salz auf den Fleck streuen, damit sich die Feuchtigkeit aufsaugt.

Alleskleber
Alleskleberflecken reiben Sie entweder mit Aceton oder mit Alkohol ab. Mit einem sauberen Tuch nachreiben.

Blut

Blutflecken auf Kleidungs- oder Wäschestücken sofort mit **Salz** bestreuen und in kaltem Salzwasser auswaschen. Sind die Flecken schon älter, wird es schwierig, sie zu entfernen. Versuchen Sie es mit Salzwasser oder auch Sodawasser. Danach mit etwas Seifenwasser auswaschen. Bei Blutflecken **auf Leder** gibt es die Möglichkeit, den Fleck mit Salmiakspiritus zu betupfen und einwirken zu lassen. Sie können es auch mit kaltem Salzwasser oder mit schwachem Essigwasser versuchen. Sind Blutflecken auf die **Polster** geraten, stellen Sie eine Paste aus Kartoffelmehl und Wasser her, reiben Sie diese auf den Fleck und lassen Sie sie gut trocknen. Danach bürsten Sie die trockene Masse ab. Ist der Fleck noch zu sehen, müssen Sie den Vorgang wiederholen. Grundsätzlich sind Blutflecken sehr schwer zu entfernen und häufig klappt es auch gar nicht mehr, wenn sie älteren Datums sind. Also immer sofort aktiv werden!

Brandfleck

Bei leichten Brandflecken lassen Sie den Saft einer Zwiebel für mindestens zwölf Stunden einwirken. Danach kann man die Flecken meist entfernen. Bei Brandflecken **auf Porzellan** tauchen Sie einen Korken in Salz und reiben damit kräftig über das feuchte Porzellan.

Butter

Geben Sie flüssiges Feinwaschmittel auf den Fleck und waschen Sie ihn dann in warmem Wasser aus.

Chemikalien

Chemikalienflecken reiben Sie mit verdünnter Essigsäure aus und wischen mit klarem Wasser gut nach.

Druckerschwärze

Druckerschwärze auf Stoff stellt ein echtes Problem dar. Sie können es mit Terpentin versuchen. Bearbeiten Sie die Stelle von außen nach innen, aber sehr vorsichtig.

Eigelb

Eierflecken auf Kleidung oder Tischwäsche bestreuen Sie mit feuchtem Salz, lassen es gut einwirken, bürsten das Ganze gut aus, betupfen den Fleck mit kaltem Wasser und waschen die Textilie. Sie können auch versuchen, den Fleck mit Essigwasser abzureiben.

Eis

Eisflecken waschen Sie am besten mit warmer Seifenlauge aus. Wenn das nicht hilft, versuchen Sie, den Fleck mit Spiritus nachzubehandeln. Danach gut ausspülen.

Fett

Fettflecken bei **feinen Stoffen** behandeln Sie mit einer Mischung aus Wasser und Stärkemehl. Trocknen lassen und gut ausbürsten. **Frische Fettflecken** auf Kleidungsstücken bestreuen Sie sofort und nicht zu sparsam mit Mehl. Bei **Leder** reiben Sie den Fleck gleich mit geschlagenem Eiweiß ab. Auf **Wildleder** tupft man ganz vorsichtig Tetrachlorkohlenstoff und reibt mit einem sauberen Tuch nach. Mit einer Wildlederbürste darüber fahren. Bei **Tapeten** reiben Sie den Fleck ganz vorsichtig und dick mit der Kreide ein und lassen Sie die Kreide über Nacht einwirken. Danach stauben Sie die Kreide ab. Fettflecken auf **Buchseiten** können Sie mit aufgelöster Pottasche entfernen. Tragen Sie die aufgelöste Pottasche mit einem Pinsel vorsichtig auf den Fleck auf, und lassen Sie die bearbeitete Stelle gut trocknen. Danach ganz vorsichtig mit einem Tuch abreiben.

Filzstift
Filzstiftflecken kann man mit acetonfreiem Nagellackentferner entfernen.

Fruchtsaft
Fruchtsaftflecken mit Salz bestreuen und mit warmem Wasser abspülen.

Gemüse
Stoffe mit Gemüseflecken legt man in eine Waschpulverlauge ein. Dann auswaschen.

Gras

Wollstoffe bearbeiten Sie vorsichtig mit lauwarmem Seifenwasser, Seide mit Benzin.

Harz

Haben Sie Harz an den Händen, reiben Sie diese mit Butter ein, lassen die Butter ein wenig einwirken und reinigen die Hände dann gründlich mit Seife. Harzflecken auf **Gegenständen und Textilien** kann man mit Spiritus vorsichtig abreiben.

Kaffee und Kakao

Frische Kaffeeflecken waschen Sie am besten mit Salzwasser aus oder Sie reiben den Fleck mit kalter Milch ein und waschen mit Seifenwasser nach. Hier hilft auch Feinwaschmittelwasser. Bei **älteren Kaffeeflecken** befeuchten Sie das Gewebe, betupfen es mit Glyzerin und waschen es lauwarm nach. Kaffeeflecken **auf Geschirr** kann man mit Salz entfernen. Bestreuen Sie einen Schwamm mit Salz und reiben Sie vorsichtig über die Flecken. **Kakaoflecken** entfernt man mit kaltem Wasser.

Kaugummi

Kaugummiflecken in **Kleidungsstücken** entfernt man, indem man das Kleidungsstück in den Gefrierschrank legt, den gefrorenen Kaugummi abkratzt, Terpentin auf den Fleck tupft und das Kleidungsstück wäscht. Bei Kaugummiflecken auf **Teppichen** legen Sie ein paar Eiswürfel auf den Fleck. Man kann ihn auch mit einem Spray für Sportverletzungen vereisen und dann abkratzen.

Kerzenwachs

Kerzenwachs auf **Tischplatten** oder Schränken nicht abkratzen. Föhnen Sie den Fleck so lange, bis das Wachs weich wird und wischen Sie es dann mit einem Tuch ab. Wischen Sie die Fläche danach mit Essigwasser ab und polieren Sie gut nach.

Kerzenwachsflecken auf dem **Teppichboden** müssen Sie ganz vorsichtig mit dem Messer abkratzen; den Rest mit Waschbenzin bearbeiten. Wachsflecken auf Textilien entfernt man am besten mit dem Bügeleisen und Löschpapier. Auf und unter den Fleck ein Löschpapier legen und so lange darüber bügeln, bis das Wachs aufgesaugt ist. Bei hartnäckigen Fällen den Vorgang wiederholen, den Rest mit Fleckenwasser bearbeiten.

Klebestreifen
Klebestreifen hinterlässt meist hässliche Flecken. Reiben Sie die Flecken mit Brennspiritus ab.

Kugelschreiber
Haarfeine Kugelschreiberflecken mit Haarspray gut einsprühen, trocknen lassen und mit Essigwasser nachreiben. Bei dickeren Flecken hilft der „Fleckenteufel" aus der Drogerie.

Lippenstift
Lippenstiftflecken auf **Wäschestücken** werden mit Glyzerin beträufelt und mit reinem Alkohol entfernt. Hartnäckige Lippenstiftspuren auf **Gläsern und Tassen** reiben Sie vor dem Spülen mit Salz ab.

Make-up

Make-up-Flecken auf dunkler Kleidung können Sie mit einer Scheibe trockenem Brot entfernen. Reiben Sie mit dem Brot den Fleck ab. Oder nehmen Sie Alkohol.

Obst

Obstflecken lassen sich durch Einweichen in saurer Milch oder Buttermilch entfernen. Man kann sie auch mit Zitronensaft oder Essig beträufeln, lässt die Flüssigkeit einwirken; danach in kalter Waschlauge auswaschen. Gegen Obstflecken an den **Händen** nehmen Sie Zitronensaft.

Parfüm

Parfümflecken besprühen Sie am besten mit verdünntem Salmiakgeist. Bei reiner **Seide** müssen Sie wegen der empfindlichen Farben sehr vorsichtig sein. Betupfen Sie den Fleck ganz behutsam mit Alkohol und waschen Sie das Gewebe dann in lauwarmem Wasser mit Feinwaschmittel aus.

Preisschilder

Preisschilder beföhnen Sie sie eine Weile auf höchster Stufe. Ansonsten tupfen Sie Essig darauf und lösen Sie die Schilder vorsichtig ab.

Ruß

Rußflecken nicht nass abwischen, sondern mit Salz dick bestreuen. Bei Rußflecken auf dem Teppich sprühen Sie den Fleck mit Rasierschaum ein, lassen den Schaum kurz einwirken und reiben ihn dann heraus.

Schmiere

Schmierölflecken reibt man mit unverdünntem Spülmittel ein und wäscht sie dann aus.

Schmutzflecken

Bei feuchten Schmutzflecken hilft am besten Salz. Streuen Sie das Salz dick auf den Fleck, lassen Sie es für etwa eine Viertelstunde einziehen und saugen Sie es dann mit einem Tuch auf.

Schokolade

Frische Schokoladenflecken reiben Sie erst mit warmem Seifenwasser aus, spülen dann mit klarem Wasser nach und beträufeln das Ganze mit Zitronensaft. Danach noch einmal gut mit klarem Wasser auswaschen. **Eingetrocknete Schokoladenflecken** versucht man behutsam abzukratzen und betupft die Stelle dann ganz vorsichtig mit Waschbenzin.

Schuhcreme

Schuhcremeflecken verschwinden durch das Einreiben mit Weingeist.

Schweiß

Schweißflecken lassen sich in **Sommerkleidung** mit reinem Essig auswaschen. 2 Esslöffel Salz in den Waschgang gegeben, sollen auch helfen. Bei **Seide** können Sie den Fleck mit Spiritus ausreiben.

Sengflecken
Sengflecken vom Bügeln belegen Sie mit einer geschälten, rohen Zwiebel. Lassen Sie die Zwiebel für etwa 10 Minuten einwirken.

Spinat
Spinatflecken reiben Sie zunächst mit einer rohen Kartoffel ab und waschen die Textilie wie gewohnt.

Stempelfarbe
Stempelfarbe an den **Fingern** sprühen Sie mit Deodorant ein, danach lassen sich die Flecken problemlos entfernen. Bei Stempelfarbe auf **Stoff** betupfen Sie den Fleck erst mit Glyzerin und waschen ihn dann mit einem Gemisch aus Wasser, Essig und Salz aus.

Stockflecken
Bearbeiten Sie diese mit Zitronensaft und Salz.

Tee

Frische Teeflecken reiben Sie sofort mit Sahne ein und waschen sie mit Seifenlauge aus.

Teer

Gegen Teerflecken hilft Butter.

Tinte

Bei Tintenflecken reiben Sie den Fleck mit Milch ein und lassen ihn trocknen. Alternativ können Sie es mit Salz und Zitronensaft versuchen. Anschließend mit lauwarmer Seifenlauge auswaschen.

Wandfarbe

Flecken von Wand- und Deckenfarben auf Kleidungsstücken bearbeiten Sie mit Tapetenlöser. Weichen Sie den Fleck in Tapetenlöser ein, spülen Sie ihn klar aus und waschen Sie die Textilie wie gewohnt. Bei Lackfarben nehmen Sie Terpentin.

Kochen für Anfänger

Kochen ist nicht schwer
Wer zum ersten Mal den Kochlöffel schwingen
will, sollte mit einfachen Gerichten beginnen
und sich allmählich steigern. Jeder Kochanfän-
ger hat mit einem Nudelgericht, zu dem eine raf-
finierte Sauce gehört, bereits gewaltige Erfolgs-
erlebnisse.

Die wichtigsten **Grundzubereitungen** für Fleisch,
Geflügel, Gemüse, Salate, Suppen, Saucen usw.
finden Sie nachfolgend. Weiterführend gibt es im
Buchhandel unzählige Kochbücher mit raffinierten Rezepten für die Single-Küche.

Zum Thema **Backen** sei dem Anfänger geraten,
es erst einmal – wenn überhaupt – mit einem einfachen Rührteig (Rezept auf Seite 237) zu versuchen. Wenn es Ihnen Spaß macht, Kuchen, Torten oder Plätzchen zu backen, greifen Sie auf die
tollen Rezepte in den Backbüchern zurück.
Ansonsten gibt es im Supermarkt fertige Back-
zubereitungen für die herrlichsten Kuchen sowie
fertige Tortenböden, die man mit frischem oder

Dosenobst belegen kann, und super Minitorten aus dem Gefrierschrank, die man wohl selbst selten so perfekt hinbekommt. Sie werden einfach nur aufgetaut und der Kaffeebesuch kann kommen!

Wenn Sie den Entschluss gefasst haben, sich statt eines Fertiggerichts aus der Mikrowelle selbst etwas zuzubereiten, **lesen** Sie sich erst das Rezept gut durch und schauen Sie nach, ob Sie auch alle Zutaten im Haus haben. Halten Sie sich an die **Arbeitsreihenfolge** im Rezept und auch an die Zubereitungszeiten.

Legen Sie sich alle abgewogenen **Zutaten** und **Gerätschaften** zurecht. Ziehen Sie eine Schürze an und waschen Sie sich unbedingt die Hände, bevor Sie die Lebensmittel anfassen! Denken Sie daran, das Geschirrtuch ist kein Küchenhandtuch. Trocknen Sie Ihre Hände also bitte nicht am Geschirrtuch ab, das ist ausschließlich für das Geschirr vorgesehen.

Wenn Sie das Gericht zwischendrin **probieren** möchten – Sie sollten es, bevor es verwürzt ist! – geben Sie vom Rührlöffel etwas auf einen Extralöffel und kosten erst dann.

Lüften Sie während des Kochens die Küche gut durch. Abfall werfen Sie sofort in den Mülleimer. Nach dem Kochen und auch zwischendrin räumen Sie die Küche auf. **Stellen Sie alles weg**, was nicht mehr gebraucht wird, spülen Sie gebrauchtes Geschirr und Besteck ab oder räumen Sie es gleich in die Spülmaschine. So verhindern Sie, dass die Küche im Nullkommanichts aussieht wie ein Schlachtfeld und Ihnen die Lust vergeht, diesen Raum überhaupt jemals wieder zu betreten. Wischen Sie auch Spritzer auf den Fliesen und dem Herd zwischendurch ab. Übergelaufenes wird gleich entfernt. Auch die Arbeitsplatte wird abgewischt und wenn etwas auf den Fußboden gefallen ist, kommt es gleich weg. Sicher haben Sie keine Lust, in Sauce zu treten, die Sie dann mit den Schuhen durch die ganze Wohnung tragen!

Lassen Sie sich durch diese paar gut gemeinten
Ratschläge nicht abschrecken. Es hört sich
schlimmer an, als es ist. Und wenn Sie sich diese
Arbeitstechnik gleich zu Beginn aneignen, wer-
den Sie mit Sicherheit zu einem begnadeten
Hobbykoch.

Mengen und Maße

In der Regel sind Rezepte in Kochbüchern oder
Kochzeitschriften für vier Personen angeben.
Nachstehend einige ca.-Angaben, wie viel man
für eine Person benötigt.

Suppe: 1/2 Liter, **Reis oder Nudeln:** 125 g,
Kartoffeln: 250 g, **Gemüse:** 250 g, **Sauce:** 1/4
Liter, **Fleisch:** 200 g, **Fisch:** 200 g.

In den Kochbüchern begegnet man immer wieder Mengenangaben und kann sich als „Green-
horn" nicht recht vorstellen, was sie genau
bedeuten.

1 Prise (1 Pr.) ist so viel, wie man zwischen Daumen und Zeigefinger fassen kann. Der Begriff ist
etwas „wischiwaschi", denn es gibt große und

kleine Hände mit den entsprechend großen oder breiten Fingern. Wenn Sie unsicher sind, seien Sie mit Ihren ersten Prisengaben vorsichtig; würzen Sie lieber nach!

1 gestrichener Teelöffel (1 gestr. TL) ist ein flach gefüllter Kaffeelöffel.

1 gestrichener Esslöffel (1 gestr. EL) ist ein flach gefüllter Suppenlöffel.

1 Messerspitze (1 Msp.) ist wirklich nur so viel, wie auf die Messerspitze geht – ca. 1/2 cm.

1 Glas Wein entspricht ca. 100 ml.

1 Bund Suppengrün enthält 1 Stange Porree, 1 Mohrrübe, 1 Stück Sellerie und 1 Petersilienwurzel.

250 ml sind 1/4 Liter, **375 ml** sind 2/8 Liter.

500 ml entsprechen 1/2 Liter, **750 ml** sind 3/4 Liter, **1000 ml** sind 1 Liter.

Braten

Für einen guten Braten benötigt man gutes Fleisch. **Rindfleisch** muss gut abgehangen sein; es hat dann eine dunkelrot-graue Färbung. Für Braten können Schulter-, Keulen- und Beinfleischstücke verwendet werden. Für **Schweine-braten** verwendet man Fleisch mit einer Fettschicht, die den Braten saftig hält und bei richtiger Zubereitung zu einer köstlichen Kruste bräunt. **Kalbfleisch** soll trocken und grau getönt und zum Braten mit einem leichten Fettrand versehen sein. Ist das Fleisch sehr saftig, ist dies lediglich Wasser; das Fleisch ist also nicht gut abgehangen. Für **Lammbraten** verwendet man am besten Fleisch aus der Lammkeule. Bei **Hammelfleisch** ist für die Verarbeitung zu einem Braten Vorsicht geboten: Oft sind große Fleischstücke sehr fett und können dann tranig schmecken.

SCHMOREN IM TOPF

Den Braten mit etwas Salz einreiben, die Herdplatte auf höchster Stufe erhitzen, 3 EL Pflanzenfett in den Bräter geben, den Braten in den Topf legen und von allen Seiten kräftig anbraten. Die Herdplatte auf Stufe 2 zurückschalten, gewürfeltes Suppengemüse und Zwiebeln zum Braten geben und 2 Minuten mitbräunen lassen.

Die Herdplatte auf höchste Stufe einstellen, den Braten mit 1/4 l Flüssigkeit angießen (Wasser, Wein, Brühe), die Gewürze dazugeben, einmal aufkochen lassen, auf Stufe 2 zurückschalten. Den Topf verschließen und das Ganze ca. 90 Minuten schmoren lassen, danach wenden und weitere 60 Minuten schmoren lassen. Den Braten herausnehmen, warm stellen und die Bratensauce zubereiten.

SCHMOREN IM OFEN
Den Backofen auf 250 °C vorheizen. Den vorbereiteten, angebratenen Braten mit Flüssigkeit und Gewürzen im Schmortopf auf die mittlere Schiene des Backofens stellen, ohne Deckel 30 Minuten schmoren lassen, auf 200 °C zurückschalten. Den Braten in 60 Minuten gar schmoren, zwischendurch mit der Bratenflüssigkeit begießen.

Brathähnchen

Ganze Hühner oder Hühnerteile sind frisch und tiefgekühlt in den Handelsklassen A, B und C erhältlich. Tiere der Handelsklasse A sind vollfleischig und haben einen gleichmäßigen, dünnen Fettansatz. Tiere der Handelsklasse B sind fleischig mit ungleichmäßigem Fettansatz. Tiere der Handelsklasse C werden meist industriell weiterverarbeitet. Hühner – ob frisch oder tiefgefroren – werden überwiegend küchenfertig angeboten, also gerupft und ausgenommen. Beim Umgang mit Geflügelfleisch muss aufgepasst werden; es besteht Salmonellengefahr. Der Fleischsaft darf nicht an andere Lebensmittel kommen. Das Fleisch wird lauwarm abgespült und mit Haushaltspapier abgetrocknet. Benutzte Brettchen, Messer und Scheren müssen sofort gründlich abgewaschen werden. Braten Sie das Fleisch immer gut durch. Ist es noch rosa, muss es zurück in die Pfanne oder den Ofen.

DRESSIEREN DES HÄHNCHENS

Damit das Geflügel beim Braten nicht austrocknet und in Form bleibt, wird es gebunden. Dabei
ist zu beachten, dass das Küchengarn doppelt so
lang sein sollte wie das zu bindende Geflügel.
Für das Dressieren wird der Faden unter dem
Sterz durchgezogen und über den Schenkeln
gekreuzt. Die Fadenenden werden um je
1 Schenkel gelegt, der Faden muss sich über-
kreuzen. Die Fadenenden werden straff angezogen und hinter die Schenkel gelegt. Danach wird
das Huhn auf die Brustseite gedreht, der Faden
wird nach vorn geführt und um die beiden Flügel
gelegt, wobei die Fäden hinter die Flügel ge-
schlungen, festgezogen, verknotet und die über-
stehenden Fadenenden abgeschnitten werden.

BRATEN IM BACKOFEN

Das gewaschene Geflügelfleisch wird trocken
getupft, damit es besser bräunt und kross wird.
Junges Geflügel benötigt eine kürzere Bratzeit
als älteres, das eher zum Schmoren oder zum
Kochen verwendet werden sollte. Das dressierte

Huhn wird mit Salz gewürzt, die Herdplatte auf höchster Stufe angeheizt, ein Bräter mit 2 EL Öl aufgesetzt und das Huhn von allen Seiten im erhitzten Öl angebraten. Der Bratentopf wird 15 Minuten zum Braten in den auf 225 °C vorgeheizten Backofen gestellt, wobei das Huhn ab und zu mit Bratensatz beträufelt wird. Die Backofentemperatur auf 200 °C zurückschalten und das Huhn weitere 30 Minuten braten lassen. Das Huhn aus dem Topf nehmen, warm stellen und aus dem Bratensatz eine Sauce zubereiten.

PANADEN FÜR HÄHNCHENSCHENKEL UND ANDERE TEILE

Mit Aprikosenkonfitüre:
Die gesalzenen Schenkel in erhitztem Öl anbraten, mit Aprikosenkonfitüre bestreichen, im vorgeheizten Backofen bei 200 °C ca. 20 Minuten backen. Anstelle von Aprikosen- kann auch Preiselbeerkonfitüre verwendet werden.

Mit Erdnusskernen:
Die Erdnusskerne fein hacken, die gesalzenen Schenkel durch verschlagenes Ei ziehen, in den

Erdnusskernen wälzen und im vorgeheizten Backofen bei 200 °C ca. 30 Minuten backen.

Mit Kokosraspeln:
Gesalzene Schenkel durch verschlagenes Ei ziehen, in Kokosflocken wälzen, im vorgeheizten Backofen bei 200 °C ca. 30 Minuten backen.

Mit Kräuter-Paniermehl:
Die gesalzenen Schenkel durch Mehl und verschlagenes Ei ziehen, in einer Paniermehl-Petersilien-Mischung wenden und im vorgeheizten Backofen bei 200 °C ca. 20 Minuten backen.

Sehr knusprig werden Hähnchenteile auch, wenn man sie mit Semmelbröseln paniert und in der Fritteuse im erhitzten Fett (180 °C) 12–15 Minuten ausbäckt.

Mit Paprikapulver:
Die gesalzenen Schenkel in reichlich Paprika edelsüß wälzen und im vorgeheizten Backofen bei 200 °C ca. 25 Minuten backen.

Brühen
HÜHNERBRÜHE
Grundrezept

Zutaten:

1 kg Hühnerklein sowie 2 Markknochen oder 1 ganzes Suppenhuhn, 1 Bund Suppengrün, 1 Zwiebel, Wasser, 1 Bund Petersilie, 1/2 TL Salz, schwarzer Pfeffer

Zubereitung:

Das Hühnerklein und die Markknochen oder das ganze Huhn kalt abwaschen und abtupfen. Die Zwiebel halbieren, die Schnittflächen ohne Fett in der Pfanne anrösten. Alle Zutaten in den Topf geben, Wasser zugießen, wobei alle Zutaten gut bedeckt sein müssen. Das Ganze langsam auf mittlerer Stufe erhitzen, aber nicht kochen lassen. Den aufsteigenden Schaum mehrfach mit der Schaumkelle abschöpfen. Die Suppe aufwallen lassen und herunterschalten. Die Suppe 2 Stunden bei geringer Hitze köcheln lassen, das Fleisch, die Knochen und das zerkochte Suppengrün entfernen. (Bei Verwendung eines ganzen Suppenhuhns dieses mindestens 2,5 Stunden köcheln lassen.) Das restliche Gemüse herausnehmen, würfeln und zurück zur Suppe geben. Das Fleisch zerkleinern und ebenfalls zur Suppe geben. Die Suppe mit Pfeffer und Salz abschmecken, mit Petersilie bestreut servieren.

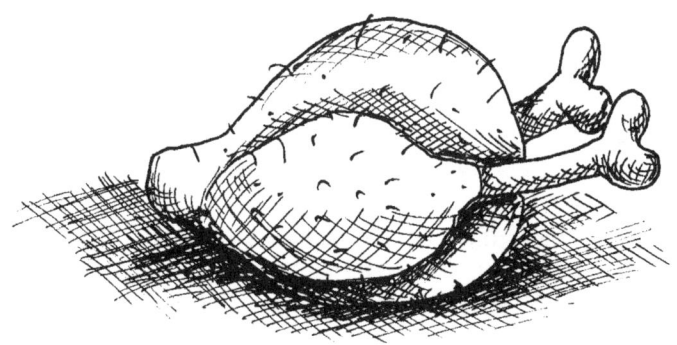

RINDFLEISCHBRÜHE
Grundrezept

Zutaten: *1 kg Rindfleisch zum Kochen mit Knochen, 2 Markknochen, 1 Bund Suppengrün, 1 Zwiebel, Wasser, 1 Bund Petersilie, 1/2 TL Salz, schwarzer Pfeffer*

Zubereitung:
Das Fleisch und die Markknochen kalt abwaschen und abtupfen. Die Zwiebel halbieren, die Schnittflächen ohne Fett in der Pfanne anrösten. Alle Zutaten in den Topf geben, Wasser zugießen, wobei alle Zutaten mit Wasser bedeckt sein müssen. Das Ganze langsam auf mittlerer Stufe erhitzen, aber nicht kochen lassen. Den aufsteigenden Schaum mehrfach mit der Schaumkelle abschöpfen. Die Suppe aufwallen lassen und herunterschalten. Die Suppe 2 Stunden bei geringer Hitze köcheln lassen, das Fleisch, die Knochen und das zerkochte Suppengrün entfernen. Das restliche Gemüse herausnehmen, würfeln und zurück zur Suppe geben. Das Fleisch zerkleinern und eben-

falls zur Suppe geben. Die Petersilie fein hacken und über die Suppe streuen. Mit Salz und Pfeffer abschmecken.

Dressings zubereiten

Frische Salate sind lecker. Was sie jedoch aus- macht, ist das passende Dressing. Waschen Sie den Salat vor der Zubereitung gründlichst wegen des Sandes und der Schnecken oder Blattläuse.

EINFACHE MAJONÄSE
Grundrezept

Zutaten: *3 Eigelb, 1 Prise Salz, 1 Msp. Senf, weißer Pfeffer aus der Mühle, 1 Spritzer Zitro- nensaft, 1/2 l Olivenöl, 1 EL lauwarmes Wasser*

Zubereitung:
Die Eigelbe mit Salz, Senf, Pfeffer und Zitronen- saft verrühren, ein Drittel des Öls tropfenweise ein- rühren. Das restliche Öl in dünnem Strahl zugie- ßen. Dabei immer weiterrühren. Das Wasser einrühren. Die fertige Majonäse ist halb fest.

SAHNE-DRESSING
Grundrezept

Zutaten:
Saft von 1/2 Zitrone, Salz, Pfeffer, 1/4 l Sahne

Zubereitung:
Die Zitrone und die Gewürze miteinander verrühren, die Sahne dazugeben, wieder verrühren.
Das Dressing kann man durch Zugaben von
etwas Senf, Tomatenmark, Meerrettich, Walnüs-
sen, Mandarinen- oder Orangenspalten, Kräutern
oder fein geschnittenen Schalotten verfeinern.

THOUSAND-ISLANDS-DRESSING
Grundrezept

Zutaten: *2 Eigelb, 2 EL Essig oder Zitronensaft,
Salz, Pfeffer, 1/4 l Öl, 3 EL Tomatenketschup,
2 EL Weinbrand, 1/8 l Sahne, 1 EL fein gehackte
Kräuter*

Zubereitung:
Die Eigelbe mit Essig oder Zitronensaft, Salz und Pfeffer vermischen, das Öl tropfenweise unterrühren. Damit die Majonäse nicht gerinnt, sollten alle Zutaten Zimmertemperatur haben. Die Majonäse mit Ketschup und Weinbrand vermischen, die steif geschlagene Sahne unterziehen, die Kräuter dazugeben und das Ganze mit Pfeffer und Salz abschmecken.

VINAIGRETTE-SAUCE
Grundrezept

Zutaten: *2 EL Essig, Salz, Pfeffer, 8 EL Olivenöl, 3 EL fein gehackte Kräuter, 2 EL kleine Tomatenwürfel von abgezogenen Tomaten*

Zubereitung:
Essig, Salz und Pfeffer verrühren, Öl zugeben und ebenfalls verrühren, danach Kräuter und Tomatenwürfel einrühren. Wichtig ist, die Gewürze immer zuerst mit der Säure zu verrühren, so können sie sich lösen, danach erst mit dem Öl!

Eier zubereiten

Entscheidend für die Qualität des Eies ist das Futter der Legehenne und die Frische. Bei Rezepten wird meist von mittelgroßen Eiern ausgegangen, die im Handel mit der Gewichtsklasse „M" (53–62 g je Ei) gekennzeichnet sind. Verwenden Sie ausschließlich frische Eier; auch hier besteht Salmonellengefahr. Speisen, die mit frischen Eiern zubereitet wurden – z. B. Mousse au chocolat oder Tiramisu – müssen am Tag der Zubereitung verzehrt werden.

EIER TRENNEN

Die Eier am Schüsselrand aufschlagen, die Hälften vorsichtig auseinander ziehen; die Schalen sollten möglichst noch an der Unterseite zusammen sein. Eine Schalenhälfte nahezu senkrecht halten, das Eigelb vorsichtig hineingleiten lassen. Das Eiweiß in die Schüssel fließen lassen. Ist noch Eiweiß vorhanden, das Eigelb in die andere Eihälfte zurückgleiten lassen. Den Vorgang so lange wiederholen, bis alles Eiweiß in der Schüssel ist. Den Eifaden vorsichtig mit dem

Finger oder einer Gabel abtrennen; das Dotter
darf dabei nicht beschädigt werden.

EISCHNEE SCHLAGEN
Die Eiweiße in eine saubere, trockene Schüssel
geben, den Zucker nach und nach einrieseln lassen. Mit dem Schneebesen erst langsam, dann
immer schneller schlagen. Den Schneebesen
dabei kreisförmig schwingen und die Schüssel
drehen. Der Schnee muss so fest sein, dass man
ihn mit dem Messer durchtrennen kann, ohne
dass er sich wieder verbindet.

SCHNEE-EIER
Mit Zucker geschlagenen Eischnee löffelweise in
Milch pochieren. Als Dessert oder Garnitur zu
Fruchtpüree oder Vanillesauce reichen.

EIER KOCHEN
Rohe Eier mit dem Eierpiekser oder mit einer
Nadel an der spitzen Seite anstechen, so platzen
sie nicht. Die Eier in siedendes Wasser geben.
Sobald sie ganz mit siedendem Wasser bedeckt

sind, beginnt der Garprozess. Gekochte Eier vor dem Schälen immer mit kaltem Wasser abschrecken, die Schale lässt sich besser pellen.

RICHTWERTE FÜR KOCHZEITEN
3 Minuten: Das Eiweiß ist außen fest, das Eigelb flüssig. **4 Minuten:** Das Eigelb ist noch flüssig, hat aber einen festen Rand. **5 Minuten:** Das Eigelb ist nur noch in der Mitte weich. **6 Minuten:** Das Eigelb ist in der Mitte cremig, die Farbe ist heller. **10 Minuten:** Das Eigelb ist schnittfest und blassgelb. **15 Minuten:** Das Eigelb ist trocken, sehr hell und krümelt beim Schneiden.

EIER IM GLAS

3–4 Minuten lang gekochte Eier (wachsweiche Eier) abschrecken, schälen und in ein Glas geben. Mit fein gehackten Kräutern bestreuen, leicht salzen, mit Butter, Worcestersauce und Pfeffer aus der Mühle servieren.

RÜHREIER

Für 1 Portion 3 Eier mit 20 ml Milch oder Sahne – ersatzweise Dosenmilch – verquirlen, salzen und pfeffern. Etwas Butter in einer Pfanne zerlassen, die Eimasse eingießen, die stockende Masse mit dem Kochlöffel vom Pfannenboden losrühren. Wer mag, gibt zu der Eimasse fein gehackte Zwiebeln und Kräuter, bevor sie gebacken wird.

OMELETT

3–4 Eier in einer Schüssel aufschlagen und leicht salzen. 2 EL Butter in einer Pfanne erhitzen, die Eimasse hineingeben und sofort verrühren, damit sich gestocktes mit frischem Ei vermischt. Hat sich eine feste Eierschicht gebildet, das

Omelett vorsichtig zusammenklappen oder ein-
rollen und auf einen Teller stürzen.

SPIEGELEIER
So viel Butter zerlassen, dass der Pfannenboden
damit bedeckt ist. Das aufgeschlagene Ei in die
Pfanne gleiten lassen und das Eiweiß bei mäßi-
ger Hitze stocken lassen. Für das Bräunen von
Ober- und Unterseite muss das Ei vorsichtig
gewendet werden. Das geronnene Eiweiß – nicht
das Eigelb – salzen und nach Bedarf pfeffern.

POCHIERTE EIER
Die Eier einzeln in eine Tasse aufschlagen und in
fast siedendes Essigwasser gleiten lassen. Die
Eier ca. 4 Minuten sieden lassen. Mit der Schaumkelle herausheben, abschrecken, abtropfen lassen,
ungleichmäßige Ränder abschneiden.

SOLEIER
Die Schalen von hart gekochten Eiern rundum
anschlagen. Eine Salzlake mit Kräutern, Lorbeer,
Pfeffer- und Senfkörnern, Rosmarin, Nelken,

Kümmel, Rotwein aufkochen, abkühlen lassen, die Eier mindestens 2 Tage einlegen.

Fisch zubereiten

Egal wie der Fisch zubereitet wird: Die Grundvoraussetzung ist, dass der Fisch ganz frisch ist. Das erkennt man leicht daran: Die Kiemen sind hellrot und liegen fest an. Die Augen sind prall, klar, glänzend. Die Schleimhaut ist glatt und nicht schmierig. Der Geruch darf nicht fischig sein.

Bevor Fisch zubereitet wird, wird er ausgenommen, unter fließendem Wasser innen und außen gründlich gereinigt und dann nach einer der folgenden Zubereitungsarten gegart.

BRATEN

Den Fisch mit Salz und Pfeffer würzen und in Mehl wenden. 1 EL Butter in einer Pfanne erhitzen, den Fisch hineingeben, von jeder Seite 1 Minute anbraten, dann unter Wenden 10 Minuten braten. Wird der Fisch im Ofen gegart – nur für ganze Fische empfehlenswert –, ist es ratsam, ihn in Papier oder Folie einzuhüllen. Der Fisch brät dann im eigenen Saft und das Aroma bleibt sehr gut erhalten. Das gilt auch für das Garen in der Salzkruste oder im Teigmantel.

DÄMPFEN

Den Fisch auf den Dampfeinsatz des Fischtopfes legen, mit 1/2 l Weißwein übergießen, den Topf verschließen, den Wein aufkochen und den Fisch 20 Minuten bei mittlerer Hitze gar dämpfen.

DÜNSTEN

1 Karotte, 1 kleine Stange Lauch, 1 Stange Staudensellerie klein schneiden, in eine feuerfeste Form geben, 1/4 l trockenen Weißwein zugießen und 1 EL Butterflöckchen darauf verteilen. Den Fisch pfeffern und salzen, auf das Gemüse geben, die Form in den auf 200 °C vorgeheizten Backofen schieben und den Fisch ca. 20 Minuten dünsten.

FRITTIEREN

Fische und Meeresfrüchte sollten mit einer schützenden Teighülle umgeben und dann frittiert werden. Das kann eine dünne Mehlschicht, eine Semmelbröselpanade oder ein Teigmantel sein. Die Temperatur des Öls sollte zwischen 160–180 °C liegen. Größere Fischstücke werden bei der niedrigen Temperatur gegart, kleine, wie beispielsweise Sardellen, bei höherer Temperatur.

GRILLEN

Voraussetzung für ein gutes Ergebnis ist, dass der Grill seine volle Hitze erlangt hat, bevor der Fisch auf den Rost kommt.

KOCHEN

Diese Garmethode wird für Krustentiere angewendet; Fisch sollte nicht gekocht werden. Alle Krustentiere werden in Salzwasser oder in einem Gemüsesud gegart.

POCHIEREN
Den Saft von 1 Zitrone in 1 l kochendes Wasser
geben, 1/2 TL Salz hinzufügen, den Topf vom
Herd nehmen, den Fisch mit der Schaumkelle in
das heiße Wasser legen und 10–15 Minuten gar
ziehen lassen.

POCHIEREN IM GEMÜSESUD
1 Karotte, 1 Zwiebel, 5–6 Petersilienstängel,
1 kleine Stange Lauch zerkleinern und mit dem
Saft von 1/2 Zitrone und einigen Pfefferkörnern
in einen Topf mit Salzwasser geben und aufkochen lassen. Den Topf vom Herd nehmen, den
Gemüsesud 10 Minuten ziehen lassen, den Fisch
einlegen und auf kleiner Flamme 15 Minuten gar
ziehen lassen.

Fleisch kurzbraten
Steaks müssen zum Braten zimmerwarm sein,
dürfen also nicht direkt aus dem Kühlschrank
kommen. Feuchte Stücke werden abgetupft,
Fettränder am Fleisch – beispielsweise beim
Rumpsteak – werden an mehreren Stellen einge-

schnitten. Das Braten von Steaks gelingt am besten in einer Eisen- oder Grillpfanne. Zum Anbraten wird die Pfanne mit neutralem Bratfett stark erhitzt und das Fleisch auf beiden Seiten jeweils 1 Minute angebraten, damit sich die Poren schließen und eine Kruste entsteht. Danach erst wird das Fleisch gesalzen und gepfeffert. Zum Fertigbraten wird die Herdtemperatur heruntergeschaltet und das Fleisch unter Wenden auf die gewünschte Garstufe gebraten.

DIE GARSTUFEN DES STEAKS

Rare, bleu, stark blutig: Das Fleisch ist blutig, der Fleischsaft dunkelrot. **Medium rare, saignant, blutig:** Das Fleisch ist in der Mitte blutig, der Fleischsaft rötlich. **Medium, à point, halb durch:** Das Fleisch hat einen rosa Kern, der Fleischsaft ist zart rosa. **Well-done, bien cuit, ganz durch:** Das Fleisch ist durchgebraten, der Fleischsaft hell und klar.

Garnieren

Das Dekor – die Garnitur – ist grundsätzlich zum Mitessen gedacht. Nachstehend einige Beispiele für die geläufigsten Garnierungen.

BUTTER

Kalte Butter zu Kugeln formen und mit fein gehackten Kräutern oder Paprikapulver bestreuen.

CHAMPIGNONS

Rohe Champignons mit einem kleinen Messer von der Kopfmitte an durch Drehen beim Schneiden einriefen und mit fein geschnittenen Kräutern bestreuen.

GURKEN

Gurkenscheiben gezackt ausstechen und mit Kräutern bestreuen oder geschälte, halbierte, in Scheiben geschnittene Gurken rosettenförmig anrichten. Gewürzgurken längs einschneiden und fächerartig auseinander drücken.

KAROTTEN
Karottenscheiben mit dem Sternausstecher formen oder Karotten fein raspeln.

KARTOFFELPÜREE
In einen Spritzbeutel geben und Formen spritzen.

KOHLRABI
Das Gemüse mit dem Erbsenausstecher aushöhlen, blanchieren, mit fein gehacktem Kerbel bestreuen.

KRÄUTERBUTTER
In einen Spritzbeutel geben und mit der Sterntülle Formen spritzen.

LAUCH
In Ringe, Scheiben oder Rauten schneiden.

LIMONEN
Zu Scheiben einschneiden und als Fächer auseinander ziehen.

PAPRIKA
In Rauten schneiden und zu Blüten legen.

RADIESCHEN
Mit einem scharfen Messer von außen nach innen einschneiden und in kaltes Wasser legen. Das Radieschen öffnet sich wie eine Blüte.

RETTICH
Mit dem Radischneider zu Spiralen schneiden, auseinander ziehen und anrichten.

TOMATEN
Die Schale von oben hauchdünn abschälen und zu einer Rose wieder zusammenrollen.

ZITRONEN
Zitronenscheiben, -ecken oder -achtel schneiden. Zitronen halbieren und zackenförmig einschneiden, mit Kresse garnieren.

Gemüse

Gemüse sollte immer frisch verwendet werden. Geputztes Gemüse wird nicht zerkleinert, sondern im Ganzen gewaschen. Zerkleinertes Gemüse nicht offen stehen lassen, sondern bis zur weiteren Verarbeitung mit einem Tuch bedecken. In grobe Würfel geschnitten wird das Gemüse für Gerichte mit langer Schmorzeit verwendet; kleine Stücke haben eine entsprechend kürzere Garzeit. Gemüse wird in kochendem Wasser kurz blanchiert, im Wasserdampf gedämpft, im eigenen Saft gedünstet, in siedender Flüssigkeit gekocht oder in Fett gebraten. Manche Gemüsesorten können gegrillt werden.

GEMÜSE SCHNEIDEN

Gemüse wie **Rüben oder Kohlrabi** wird je nach Größe geviertelt oder geachtelt. Der so genannte Rollschnitt eignet sich z. B. für Karotten. Diese werden schräg zur Längsachse in Scheiben geschnitten, wobei die Karotte nach jedem Schnitt um 1 Viertel ihres Umfangs gedreht wird. Eine andere Methode ist, Karotten in etwa 5 cm lange Stücke, dann der Länge nach in sehr feine Scheiben zu schneiden. Danach werden die Scheiben passgenau aufeinander gelegt und in feine Streifen geschnitten. Die Streifen fasst man zusammen und teilt diese quer in Würfel.

Weicheres Gemüse wie **Zucchini** schneidet man mit dem Buntmesser in Scheiben. Für Fächer wird das der Länge nach halbierte Gemüse in feine Scheiben geschnitten, wobei es auf einer Seite noch zusammenhalten muss. Für Stifte wird das Gemüse so geschnitten, dass an einer Seite noch ein Stück Schale verbleibt.

Die geschälte **Zwiebel** längs halbieren, die Schnittfläche auflegen, in kurzen Abständen senkrecht bis knapp vor den Wurzelansatz schneiden. Dann parallel zur Arbeitsfläche bis kurz vor der Wurzel einschneiden – die Zwiebel muss noch zusammenhalten. Dann senkrecht in dünne Scheiben schneiden; die Zwiebel zerfällt nun in Würfel.

GEMÜSE ZUBEREITEN

Blumenkohl und **Brokkoli** legt man vor dem Putzen 30 Minuten in kaltes Salzwasser, Raupen und anderes Ungeziefer verlassen dann die wohnlichen Röschen. Der Kohl wird dann in Röschen zerlegt, gewaschen, kurze Stiele werden leicht geschält, größere werden in Scheiben geschnitten. Der Kohl wird in kochendes Salzwasser mit einer Prise Muskat gegeben und bissfest gekocht. Dann mit Sauce Hollandaise, in Butter gerösteten Semmelbröseln oder Mandelsplittern anrichten.

Bohnen werden gewaschen und dann an den Enden abgeknipst. Fäden werden abgezogen. Bohnen kocht man in leichtem Salzwasser unter der Beigabe von Bohnenkraut bissfest. Danach werden sie mit glasig geschwitzten Zwiebelstückchen und ausgelassenem Speck in Butter geschwenkt und mit Bohnenkraut, Pfeffer und Salz abgeschmeckt.

Beim **Chicorée** schneidet man den Stielansatz keilförmig heraus; braune Blätter werden entfernt. Man halbiert den Chicorée, wäscht ihn, brät ihn in der Pfanne in Butter leicht an und würzt mit Salz und Pfeffer. Oder man schneidet ihn in Scheiben, wäscht ihn, dünstet ihn kurz und würzt ihn. Sehr lecker ist er als Salat mit einem Sahne-Dressing und Mandarinen aus der Dose.

Erbsen kauft man am besten tiefgekühlt. Sie werden in wenig Salzwasser mit einer Prise Zucker gegart, abgegossen, in Butter geschwenkt, mit Petersilie bestreut und leicht gesalzen.

Beim **Fenchel** werden Wurzelansatz und Stängel weggeschnitten. Danach die Knolle längs halbieren, die Hälften in Scheiben schneiden. Das geputzte, gewaschene, zerkleinerte Fenchelgrün und die gewaschenen Fenchelscheiben in zerlassener Butter andünsten und im geschlossenen Topf 10–15 Minuten bissfest garen. Danach würzen und eventuell mit Käse überbacken.

Kartoffeln gehören als wesentlicher Bestandteil einer gesunden, vollwertigen Ernährung zu den wichtigsten Grundnahrungsmitteln. Die Sortenvielfalt ist beeindruckend; etwa 45 verschiedene Speisesorten – darunter einige ausländische Erzeugnisse – werden im Handel angeboten. **Fest kochende** Sorten werden vor allem für Kartoffelsalate und für Salz-, Pell- und Bratkartoffeln verwendet. Vorwiegend fest kochende Sorten eignen sich für Salz-, Pell-, Brat- und Grillkartoffeln. **Mehlig kochende** Sorten sind ideal für Püree, Klöße, Suppen und Eintöpfe. Kartoffeln kauft man am besten lose und auch nur so viele, wie man braucht. Sie werden nicht im Kühlschrank gelagert. Kartoffeln werden immer vor dem weiteren Verarbeiten unter fließendem Wasser gründlich abgeschrubbt. Ob Pell- oder Salzkartoffeln, zum Kochen sollte man immer gleich große Kartoffeln nehmen, sie werden sonst ungleichmäßig gar. Dass Kartoffeln gar sind, merkt man am Widerstand, wenn man mit der Gabel in sie hineinpiekt. In der Regel dauert das Kartoffelkochen 20 Minuten.

Bratkartoffeln: Für ein gutes Ergebnis werden die Kartoffeln in der Schale gekocht und dann gepellt (Pellkartoffeln). Danach werden sie in Scheiben geschnitten, im heißen Fett bei mittlerer Hitze 8–10 Minuten gebraten und dann gewendet. In Würfel oder Ringe geschnittene Zwiebeln hinzufügen und diese mitbraten, bis sie goldgelb sind. Die Bratkartoffeln mit Salz, Pfeffer, etwas Thymian oder Majoran würzen.

Folienkartoffeln: Die Kartoffeln werden mit einem Holzspieß rundherum eingestochen, dann wird jede Kartoffel fest in Alufolie eingewickelt und je nach Größe ca. 1 Stunde bei 250 °C im Backofen gebacken. Die Folie öffnen, die Kartoffeln kreuzweise einschneiden und nach unten etwas zusammendrücken. Nach Belieben füllen.

Pellkartoffeln: Weil die Kartoffeln in der Schale gekocht werden, bleiben die Nährstoffe weitgehend erhalten. Pellkartoffeln schmecken am besten als neue Kartoffeln, die meist klein sind und eine zarte Schale haben. Die Kartoffeln in einen Topf geben, mit Wasser bedecken und mit Kümmel, Kräutern und Salz zum Kochen bringen. Bei mittlerer Hitze 20–25 Minuten kochen lassen, abgießen und gepellt oder mit Schale servieren. Aus geschälten Pellkartoffeln wird auch Kartoffelsalat gemacht.

Pommes frites: Eine beliebte Beilage zu Kurzgebratenem ohne Sauce. Die Kartoffeln schälen, erst in Scheiben, dann in Stäbchen schneiden, waschen, trockentupfen und Öl in der Fritteuse erhitzen. Die ideale Temperatur ist erreicht, wenn ein Holzspieß im Öl Bläschen erzeugt. Die Kartoffelstäbchen portionsweise in das Fett geben und in ca. 3 Minuten ausbacken, herausnehmen, abtropfen und abkühlen lassen. Die vorfrittierten Kartoffeln in heißem Öl erneut ca. 2 Minuten backen, herausnehmen, trockentupfen und salzen.

Salzkartoffeln: Sie sind meist Beilage zu Fleisch- und Fischgerichten, die mit einer Sauce angerichtet werden. Die Kartoffeln werden geschält und gewaschen, bei unterschiedlich großen Kartoffeln werden die größeren halbiert. Die Kartoffeln in einen Topf geben, mit Wasser bedecken, etwas Salz zufügen, zugedeckt zum Kochen bringen, die Hitze herunterschalten und in 20 Minuten garen. Das Wasser abgießen und die Kartoffeln abdämpfen. Weich kochende Kartoffeln verarbeitet man zu Kartoffelpüree. Einfach durch die Kartoffelpresse drücken, eventuell sehr wenig heiße Milch unterrühren, mit etwas Butter und Muskat anrichten. Aus übrig gebliebenen Salzkartoffeln kann man auch Bratkartoffeln machen.

Kohlrabi: Kohlrabi muss frisch sein, sonst ist er holzig. Achten Sie darauf, dass seine Blättchen noch dran sind, die braucht man gehackt für die Sauce. Nachdem die feinen Blättchen abgetrennt sind und die großen Blätter und Stiele entfernt wurden, wird die Knolle geschält, geviertelt, in ca. 3 mm dünne Scheiben geschnitten und in wenig Wasser bissfest gegart.

Lauch: Lauch wird auch Porree genannt. Meist ist er sehr sandig und muss gründlich geputzt und gewaschen werden. Verwendet werden nur der weiße Stängel und der hellgrüne Teil, der Rest wandert in den Mülleimer. Die Stange wird vom hellen Grün aus der Länge nach bis zur Mitte eingeschnitten, auseinander gebogen, und gut gewaschen. Danach schneidet man die Stange in Ringe und wäscht diese erneut. Der Porree wird in etwas Salzwasser oder in zerlassener Butter gegart. Er braucht nur ein paar Minuten.

Möhren: Sie werden nur ganz dünn geschält (mit dem Sparschäler) oder – wenn sie ganz jung sind – unter fließendem Wasser abgeschrubbt. Man schneidet sie in ca. 1 cm dicke Scheiben – kleine Möhren kann man im Ganzen kochen. Sie werden ca. 10–12 Minuten in Salzwasser mit einer Prise Zucker gekocht. Danach mit Butter oder Sahne verfeinert und mit gehackter Petersilie bestreut.

Paprika: Es gibt sie je nach Reifegrad in Grün, Gelb oder Rot. Die roten Paprika schmecken schon fast süß. Paprika ist roh oder gekocht lecker. Man wäscht die Paprika, schneidet mit einem spitzen Messer einen Deckel oben an der Seite mit dem Stiel ab, halbiert sie und entfernt das weiße Gerippe mit den Kernen. Nach Bedarf nochmals waschen. Die Paprika wird in mundgerechte Stücke geschnitten und in Olivenöl gebraten oder mit Wasser oder in Gemüsebrühe bissfest gedünstet. Mit Salz, Pfeffer und Knoblauch würzen.

Spargel: Das Gemüse wird am besten gedünstet oder gekocht und mit heißer Butter und neuen Kartöffelchen serviert. Kalt schmeckt Spargel mit einer Sauce Vinaigrette, Parmesan oder Majonäse. Zum Kochen werden die Stangen gewaschen, unterhalb der Spitzen geschält und in kaltem Wasser eingeweicht, bis alles geschält ist. Die Stangen werden nach Dicke sortiert und mit einem weichen Bindfaden oder Bast einmal unten und einmal unter den Spitzen zusammengebunden. Die Bündel stellt man aufrecht in kochendes Salzwasser – dem man 1 Teelöffel Zucker und ein Stück Butter beigefügt hat – und lässt die Spitzen aus dem Wasser schauen. Zugedeckt und bei schwacher Hitze 10–15 Minuten al dente – bissfest – kochen. Spargel sollte so frisch wie möglich verwendet werden. Im Kühlschrank hält er sich in einer Plastiktüte bis zu 3 Tage.

Tomaten: Die Haut von Tomaten kann man entfernen, indem man die Tomate 1 Minute in kochendes Wasser taucht und die Schale dann mit einem spitzen Messer abzieht. Tomaten schmecken roh, gedünstet, gegrillt und gefüllt. Am leckersten ist Tomatensalat mit Mozzarella, Olivenöl, Balsamico-Essig, Zwiebeln und Basilikum.

Zucchini: Diese wundervoll zu verarbeitende Kürbisart wird nur gewaschen. Danach schneidet man die Enden ab und schneidet die Zucchini in Scheiben, Stifte oder Würfel. Einfach in Butter dünsten und würzen.

Gratinieren

Beim Gratin werden meist vorgegarte Zutaten in eine feuerfeste Form gegeben und dann mit Käse oder einer speziellen Sauce knusprig überbacken. Junger, weicher Käse schmilzt schneller als alter, der einen geringeren Wassergehalt hat. Idealerweise sollte der Käse reif sein und mittel-alt. Gut geeignet sind beispielsweise Greyerzer, Parmesan, Gouda, Fontina, Cheddar, Tilsiter, Emmentaler, Roquefort und Gorgonzola. Verlangt ein Rezept geriebenen Käse, so sollte dieser stets frisch gerieben werden. Fertige Reibkäse aus dem Plastikbeutel haben meist nicht mehr das volle Aroma. Der sehr fein geriebene Parmesankäse, der im Handel zum Bestreuen von Nudelgerichten angeboten wird, eignet sich nicht zum Überbacken. Für das Überbacken mit Sauce nimmt man meist eine Béchamelsauce. Das Rezept hierzu wird in diesem Buch unter „Saucen" auf Seite 241 beschrieben.

Hackfleisch zubereiten

Hackfleisch muss immer frisch verarbeitet werden, das heißt noch am selben Tag des Einkaufs. Durchgedrehtes Fleisch bietet Salmonellen beste Lebensbedingungen– auch wenn das Fleisch im Kühlschrank aufbewahrt wird. Bei tiefgekühltem Fleisch immer auf das Verfallsdatum achten und das Fleisch danach nicht mehr verwenden! Beim Kauf von Hackfleisch sollte man die verschiedenen Bezeichnungen kennen, um das richtige Fleisch zu erhalten.

Hack oder Gehacktes: Es handelt sich um rohes Muskelfleisch von Rind, Schwein, Kalb oder Lamm. Gut kombiniert werden können Rinder- und Schweinehack, Lamm- und Rindfleischhack, Schwein- und Lammfleischhack, Kalb- und Rindfleischhack. Mit Hack oder Gehacktem werden Frikadellen, Hackfleischbällchen, Hackfleischwürstchen, Hamburger, Hackfleischbraten, Haschée sowie Fleischfüllungen für Gemüse und Blätterteigtaschen zubereitet.

Schabefleisch oder Tatar ist rohes, fein zerkleinertes Muskelfleisch vom Rind ohne Fett und Sehnen.

Zubereitetes Hackfleisch oder **Mett** ist mit Zwiebeln, anderen Zutaten und Gewürzen zubereitetes Hack- und Schabefleisch.

Zum Braten eignen sich Butter, Butterschmalz und Margarine, da Hackfleisch nicht zu stark gebraten werden sollte. Öl nur dann verwenden, wenn es ausdrücklich im Rezept angegeben ist. Frikadellen, Hacksteaks, Hackfleischbällchen und -würstchen sowie Fleisch für Saucen – beispielsweise Bologneser Sauce – werden in der Pfanne, Hackfleischkuchen und -pasteten im Ofen gebraten. Werden Hackfleischstücke gegrillt, muss der Rost hierfür mit Alufolie belegt werden.

FRIKADELLEN
Grundrezept für 4 Portionen

Zutaten: *1 Brötchen oder Paniermehl, 250 g Rinderhack, 250 g Schweinehack, 2 fein gewürfelte Zwiebeln, 1 Ei, 2 TL Salz, Pfeffer, Fett zum Braten*

Zubereitung:
Das Brötchen in warmem Wasser einweichen und ausdrücken. Hack, Zwiebeln, Ei und Brötchen in eine Schüssel geben, mit Salz und Pfeffer würzen, gut vermischen und mit angefeuchteten Händen 8 Frikadellen formen. Fett in der Pfanne erhitzen, die Frikadellen in die Pfanne legen und von jeder Seite ca. 4 Minuten braten.

HAMBURGER
Grundrezept für 4 Personen

Zutaten: *500 g Rinderhack, 1 fein gehackte Zwiebel, 1 Ei, Salz, Pfeffer, 2 EL Öl, 4 Sesambrötchen, 4 Salatblätter, 2 in Scheiben geschnittene Tomaten, 2 in Scheiben geschnittene Essiggurken,*

4 Scheiben Schmelzkäse, Zwiebelringe, 4 TL Majonäse, 4 TL Ketschup

Zubereitung:
Aus Hack, Zwiebel, Ei, Salz und Pfeffer einen Teig herstellen, diesen zu 4 flachen, runden Hacksteaks formen und im heißen Fett backen. Die Brötchen halbieren, die untere Hälfte mit 1 Salatblatt belegen, darauf Gurken, Hacksteak, Tomatenscheiben, Käse, einige Zwiebelringe, je 1 TL Majonäse und Ketschup geben und die obere Brötchenhälfte auflegen.

Kompott zubereiten
Grundrezept für 4 Portionen

Zutaten: *500 g Früchte wie Aprikosen, Pfirsiche, 1/4 l Weißwein, 3 EL Zucker, 1 Zimtstange*

Zubereitung:
Die Früchte 2–3 Minuten in kochendes Wasser geben, die Haut mit einem kleinen Messer abziehen, den Kern herauslösen. Die Früchte mit

Weißwein und Zimt in einen Topf geben, den
Zucker darüber streuen und das Ganze bei milder
Hitze 2–3 Minuten kochen.

Mousse au chocolat
Grundrezept für 4 Portionen

Zutaten: *150 g dunkle Schokolade, 3 Eier,
2–3 EL Likör, 1/2 l Sahne*

Zubereitung:
Die Schokolade in Stücke brechen und im Wasserbad schmelzen. Die Eier im Wasserbad schaumig schlagen, den Likör zugeben. Die Schüssel
aus dem Wasserbad nehmen, die Eimasse mit der
Schokoladenmasse vermischen, 1/3 der steif geschlagenen Sahne unter die Schokoladen-Ei-
Masse heben, danach den Rest.

Nudeln kochen
Für 100 g Nudeln benötigt man mindestens 1 l
Wasser. Das Wasser wird beim Aufkochen gesal-
zen, man rechnet 1 leicht gehäuften TL pro Liter.

Frische Nudeln sind schneller gegart als getrocknete Industrieprodukte. Die Kochzeit frischer Nudeln wird davon bestimmt, wie dick der Teig ausgerollt wurde und ob die Nudeln bereits angetrocknet sind. Bissfest ist eine Nudel dann, wenn die Nudeln gar sind, innen aber noch einen festen Kern haben, der aber nicht nach Mehl schmecken darf. Für das Nudelkochen ist ein großer Topf nötig, in dem die entsprechende Menge Wasser aufgekocht wird. Nach dem Salzen des Wassers werden die Nudeln eingelegt und gerührt, bis sie weich sind und in den Topf passen. Den Deckel so auflegen, dass der Topf zu 2 Dritteln bedeckt ist. Sobald die Nudeln bissfest sind – Garproben vornehmen! – werden sie in ein Sieb abgegossen. Sollen die Nudeln als Beilage ohne Sauce serviert werden, schreckt man sie mit kaltem Wasser ab.

Nudelsaucen

Der wahre Nudelgenuss ist unabdingbar mit einer köstlichen Sauce verbunden. Nachstehend die wichtigsten Grundrezepte.

CARBONARA
Grundrezept für 4 Portionen

Zutaten: *4 Eigelb, 4 EL Sahne, 50 g geriebener Parmesankäse, Salz, Pfeffer, 100 g durchwachsener Schinkenspeck, 1 EL Öl*

Zubereitung:
Eigelbe und Sahne vermischen, nach und nach die Hälfte des Käses unterrühren, mit Pfeffer und Salz abschmecken. Den in Streifen geschnittenen Schinkenspeck im Öl 3–4 Minuten anbraten, die gegarten Nudeln hinzufügen, kurz erhitzen, die Sauce über die Nudeln geben, gut vermischen und das Ganze mit dem restlichen Parmesankäse bestreuen.

ALLA PANNA
Grundrezept für 4 Portionen

Zutaten: *1 fein gehackte Zwiebel, 2 durchgepresste Knoblauchzehen, 2 EL Olivenöl, 1/2 l Sahne, 40 g geriebener Parmesankäse, Salz, Pfeffer, Muskatnuss*

Zubereitung:
Die Zwiebel mit den Knoblauchzehen im Öl glasig dünsten, mit Sahne auffüllen und zur Hälfte einkochen lassen. Vom Herd nehmen, den Parmesankäse einrühren, mit Salz, Pfeffer und Muskatnuss abschmecken.

TOMATENSAUCE
Grundrezept für 4 Portionen

Zutaten: *2 EL Öl, je 1 fein gehackte Zwiebel und Knoblauchzehe, 800 g geschälte Tomaten aus der Dose, 1/2 TL Salz, 1 Prise Zucker, 1 EL fein gehacktes Basilikum*

Zubereitung:
Das Öl erhitzen, die Zwiebel und die Knoblauch-
zehe hineingeben, ca. 2 Minuten anbraten. Die
Tomaten grob zerschneiden und hinzufügen, das
Ganze bei starker Hitze 15–20 Minuten einko-
chen, bis die Sauce dicklich wird. Mit Salz und
Zucker würzen, mit Basilikum bestreuen.

TOMATENSAUCE ARABBIATA
Grundrezept für 4 Portionen

Zutaten: *2 EL Öl, 100 g durchwachsener Speck,
1 fein gehackte Zwiebel, 1 fein gehackte Knoblauchzehe, 1–3 Chilischoten, 800 g geschälte
Tomaten aus der Dose, 1/2 TL Salz, 1 Prise
Zucker, 50 g geriebener Parmesankäse*

Zubereitung:
Das Öl erhitzen, den gewürfelten Räucherspeck
mit der Zwiebel und den Knoblauchzehen anbraten, die Chilischoten und die gewürfelten Tomaten hinzufügen, das Ganze mit Salz und Zucker
abschmecken, den Käse unter die Sauce rühren.

SAUCE BOLOGNESE
Grundrezept für 4 Portionen

Zutaten: *80 g gewürfelter, durchwachsener Speck, 2 fein gehackte Zwiebeln, 1 mittelgroße, gewürfelte Karotte, 1 Stück gewürfelte Sellerieknolle, 4 EL Butter, 300 g gemischtes Hackfleisch (Schwein und Rind), 2 EL Tomatenmark, 1/2 Tasse Fleischbrühe, 1 Tasse Rotwein, Pfeffer, Salz, Muskatnuss, 1/2 Lorbeerblatt, 1/8 l Sahne*

Zubereitung:
Den gewürfelten Speck auslassen, Zwiebeln, Karotten und Sellerie hinzufügen und ca. 2 Minuten bei mittlerer Hitze anbraten. Die Butter zufügen, das Hackfleisch einrühren und kurz anbraten. Tomatenmark, Fleischbrühe, Rotwein und Gewürze zugeben, alles bei geringer Hitze ca. 1 Stunde schmoren lassen. Mit Salz und Pfeffer abschmecken, mit der Sahne binden.

PESTO
Grundrezept für 4 Portionen

Zutaten: *3 Tassen frische Basilikumblätter, 2 Knoblauchzehen, 2 EL Pinienkerne, 3 EL geriebener Parmesankäse, 3–4 EL Olivenöl*

Zubereitung:
Basilikumblätter, die fein gehackten Basilikumstiele, die in Scheiben geschnittenen Knoblauchzehen und die Pinienkerne in einem Mörser zu einer Paste zerreiben, den Parmesan und das Olivenöl unterrühren.

Pilze

Pilze gibt es fast das ganze Jahr über zu kaufen. Sie müssen besonders sorgsam behandelt werden, da sie zu 80% aus Wasser bestehen. Stark verschmutzte Pilze wäscht man in Zitronenwasser, entfernt Schmutzteile mit dem Pinsel, schneidet das Stielende ab und entfernt die Oberhaut. Bei Champignons werden sehr dunkle Lamellen entfernt. Pilze werden ganz, halbiert, geviertelt oder in Scheiben geschnitten verwendet. Sie eignen sich zur Verfeinerung von Suppen und Saucen, können kalt in einer Vinaigrette mariniert sowie mit Blattsalaten kombiniert werden.

PILZE ZUBEREITEN
Grundrezept

Zutaten: *2 EL Butter, 80 g ausgelassener Speck, 500 g Pilze, 1 fein gehackte Zwiebel, 1 fein gehackte Knoblauchzehe, 1 EL gehackte Kräuter, 2 EL Crème fraîche*

Zubereitung:
Die Butter erhitzen, den Speck und die Pilze hineingeben und kurz anbraten. Die Zwiebel, den Knoblauch und die Kräuter hinzufügen, alles kurz dünsten, die Crème fraîche unterrühren. Die Pilze sofort servieren und nicht mehr aufwärmen.

Quarkcreme

Grundrezept

Zutaten: *4 Blatt weiße Gelatine, 250 g Mager-quark, 2 EL Zitronensaft, 100 g Zucker, 250 g Sahne*

Zubereitung:

Die Gelatine in kaltem Wasser einweichen, den Quark in eine Schüssel geben, mit Zitronensaft und Zucker cremig rühren. Die Gelatine in wenig Wasser bei schwacher Hitze auflösen, unter kräftigem Rühren zur Quarkcreme geben. Die Sahne halb steif schlagen. Wenn der Quark zu gelieren beginnt, die Sahne vorsichtig unterziehen.

Reis

Reis enthält wichtige Ballaststoffe, Vitamine und Mineralstoffe wie Eisen und Natrium. Je weniger der Reis behandelt wurde, desto gesünder ist er. Die einfachste Art Reis zuzubereiten ist, Kochbeutelreis in kochendem Wasser nach der Packungsanweisung zu garen. Die schonendste Art Reis zuzubereiten, ist die Quellmethode.

QUELLREIS
Grundrezept für 2 Portionen

Zutaten: *1 Tasse Reis, 2 Tassen kaltes Wasser, 1 Prise Salz, 1 TL weiche Butter*

Zubereitung:
Den Reis und das Wasser in einen Topf geben und einige Minuten quellen lassen, das Salz hinzufügen und den Reis auf höchster Stufe zum Kochen bringen, ca. 2 Minuten sprudelnd kochen lassen. Den Herd ausschalten, den Topf mit einem Deckel verschließen, den Reis 10–15 Minuten quellen lassen, bis er das Wasser aufgenommen hat, umrühren und 1 EL Butter unterrühren.

Rührteig

Grundrezept für 1 Kastenform (30 cm Länge)

Zutaten: *250 g Butter, 250 g Zucker, 4 Eier, 250 g Mehl, 2 TL Backpulver*

Zubereitung:

Die Butter in eine Schüssel geben und schaumig rühren. 2 Drittel des Zuckers dazugeben und so lange rühren, bis er aufgelöst ist. Die Eier trennen, die Eigelbe zur Buttermischung geben und unterrühren. Das Mehl mit dem Backpulver vermischen, die Mischung auf Pergamentpapier sieben, nach und nach zu der Eier-Fett-Masse geben und gründlich unterrühren. Die Eiweiße mit dem restlichen Zucker zu steifem Schnee schlagen, 1 Drittel des Eischnees unter die Teigmasse rühren, danach den Rest vorsichtig unterheben. Den Teig, wie in den Rezepten angegeben, weiterverarbeiten. Eine Kastenform ausfetten und mit Mehl bestäuben, den Teig in die Form füllen und die Oberfläche mit dem Teigschaber glatt streichen. Den Kuchen auf der unteren Einschubleiste im vorgeheizten Backofen bei 170 °C ca. 1 Stunde backen. Kurz vor Ende der Backzeit mit dem Holzstäbchen eine Garprobe machen. Der Kuchen ist gar, wenn kein Teig am Stäbchen klebt, wenn man es aus der Backmitte zieht. Den fertigen Kuchen in der Form auf einem Kuchengitter etwa 20 Minuten abkühlen lassen, danach den Kuchen auf ein Kuchengitter stürzen und völlig abkühlen lassen. Wenn gewünscht, den Kuchen mit einem Guss überziehen.

Salat vorbereiten

Das ganze Jahr über gibt es eine Vielfalt von Salaten. Besser als die Treibhaussalate schmecken natürlich die knackigen Freilandsalate. Man sollte sich nicht auf eine bestimmte Salatsorte festlegen, sondern den Salat zubereiten, der gerade Saison hat. Zur Familie des Lattichs gehören der **Kopfsalat**, der **Romana-**, der **Eisberg-** und der **Bataviasalat**. Der rote Kopfsalat hat zartere Blätter als der grüne und schmeckt feiner. Auch der **Lollo Rosso**, der rote **Eichblatt-** und der Bataviasalat sowie der **Rote Eissalat** haben rot gefärbte Blattspitzen. Die tiefgrünen Blätter des Romanasalats schmecken herzhaft und leicht herb; die festen Außenblätter lassen sich auch sehr gut dünsten. Die herberen Salatsorten stammen meist von der Zichorie ab. Hierzu gehören alle Endivienarten wie die **Glatte Endivie**, der **Frisée**, der Helle und der Rote **Chicorée**, der **Radicchio** und der **Löwenzahnsalat**. Die Strünke von Chicorée und Radicchio sind leicht bitter und sollten beim Putzen entfernt werden. Zum Waschen und Zerteilen des Salats wird zuerst der Stielansatz des Salatkopfes herausgeschnitten, dann die einzelnen Blätter abgetrennt. Der Salat wird in einer Schüssel mit kaltem Wasser geschwenkt, bis kein Sand mehr zwischen den Rippen verbleibt. Für den Waschvorgang muss das Wasser zwei- bis dreimal ausgewechselt werden. Zum Abtropfen wird der Salat in ein Salatsieb gegeben. Die Blätter müssen gut abgetropft werden, damit sie die Salatsauce annehmen. Hierfür eignet sich am besten eine **Salatschleuder**, die man aber als Anfänger garantiert noch nicht besitzt. Es geht aber auch mit einem Tuch, in dem der Salat trockengeschwenkt wird. Danach wird der Salat mit einem Dressing nach Geschmack (siehe Seite 193) angemacht.

Kalte und warme Saucen

Viele warme Saucenkreationen sind Varianten der Basissaucen, für die hier die Grundrezepte vorgestellt werden. Die Aïoli und die Sauce Tartar sind kalte Saucen, die nicht auf den Grundsaucen basieren, aber eine köstliche Beigabe zu kaltem Schweine-, Kalbs- und Rinderbraten sind. Aïoli muss sofort verzehrt werden, da sie rohes Eigelb enthält.

AÏOLI
Grundrezept für 4 Portionen

Zutaten: *2 EL Semmelbrösel, 4 EL Zitronensaft, Saft von 4–5 Knoblauchzehen, 4 Eigelb, 1 Tasse Olivenöl, 1 TL Salz, Pfeffer*

Zubereitung:
Die Semmelbrösel mit dem Zitronensaft und dem Knoblauchsaft verrühren, die Eigelbe unterrühren. Das Olivenöl tropfenweise mit einem Schneebesen unterrühren, mit Salz und Pfeffer würzen.

BÉCHAMEL-SAUCE
Grundrezept für 4 Portionen

Zutaten: *2 EL Butter, 2 kleine, fein gehackte Zwiebeln, 1 Thymianzweig, 2 EL Mehl, 1/2 l Milch, Salz, weißer Pfeffer, Muskat*

Zubereitung:
Die Butter zerlassen, die Zwiebel und den Thymian hineingeben, andünsten, das Mehl hineinstreuen und unter Rühren anschwitzen, bis es keine Blasen mehr zeigt. Die Milch nach und nach unterrühren, mit dem Schneebesen kräftig durchschlagen, das Ganze kurz aufkochen lassen, würzen und durch ein Sieb passieren.

BEURRE BLANC
Grundrezept für 4 Portionen

Zutaten: *8–10 fein gehackte Schalotten, 1/2 l trockener Weißwein, 200 g kalte Butter, Salz, Pfeffer*

Zubereitung:
Die Schalotten in einen Topf geben, den Weißwein zugießen und bei starker Hitze zum Kochen bringen. Die Flüssigkeit fast einkochen lassen, die kalte Butter in Stücken dazugeben, mit einem Schneebesen unterrühren und das Ganze mit den Gewürzen abschmecken. Die Sauce nach der Fertigstellung nicht mehr aufkochen, sonst verliert sie die Bindung.

BRATENSAUCE
Grundrezept für 4 Portionen

Zutaten: *Bratensatz, 1/4 l Weiß- oder Rotwein je nach Fleischsorte, 1/2 l Sahne, 2 EL Butter, Salz, Pfeffer*

Zubereitung:

Den Bratensatz entfetten, mit dem Wein ablöschen und einkochen lassen. Die Sahne hinzugießen, mit dem Schneebesen verrühren, die Sauce auf die Hälfte einkochen lassen. Die Butter unter Rühren dazugeben, die Sauce mit Salz und Pfeffer abschmecken und nicht mehr aufkochen lassen. Bratensaucen immer erst nach dem Einkochen würzen. Starken Alkohol verkochen lassen oder abflambieren, damit die Sahne nicht gerinnt.

HELLE GRUNDSAUCE
Grundrezept für 4 Portionen

Zutaten: *2 EL Butter, 2 EL Mehl, 1/2 l Milch, Salz, weißer Pfeffer, Muskat*

Zubereitung:

Die Butter bei mittlerer Hitze zerlassen, das Mehl hineinstreuen und unter Rühren anschwitzen, bis es keine Blasen mehr zeigt. Die Milch nach und nach unterrühren, mit dem Schneebe-

sen kräftig durchschlagen, das Ganze einmal aufkochen lassen, würzen, vor dem Servieren durch
ein Sieb passieren.

Helle Grundsaucen werden durch Zugabe von
Sahne, Crème fraîche, Butter oder Eigelb feiner.
Damit die Sauce nicht klumpt, muss immer kalte
Flüssigkeit in die Mehlschwitze eingerührt wer-
den. Helle Grundsaucen können vorbereitet und
aufgewärmt werden.

KÄSE-SAUCE
Eine Helle Grundsauce zubereiten, mit 2 EL
geriebenem Gruyère oder Parmesan verfeinern
und mit 2 Eigelben legieren.

MEERRETTICH-SAUCE
Grundrezept für 4 Portionen

Zutaten: *300 ml Gemüsefond, 150 ml Milch, 150 ml Sahne, 50 g entrindetes, gewürfeltes Weißbrot, 160 g frisch geriebener Meerrettich, Salz, weißer Pfeffer, 1 Spritzer Zitronensaft, 1 EL steif geschlagene Sahne*

Zubereitung:
Den Gemüsefond mit Milch und Sahne etwa 5 Minuten köcheln lassen, die Weißbrotwürfel kurz darin aufkochen, vom Herd nehmen, den Meerrettich einrühren, kurz ziehen lassen. Die Sauce passieren, nochmals langsam erhitzen, nicht kochen lassen und die geschlagene Sahne unterziehen.

MEHLSCHWITZE
Eine Mehlschwitze erhält man, wenn Butter oder Margarine erhitzt werden und das dazugegebene Mehl so lange angeschwitzt wird, bis es keine Blasen mehr wirft. Für eine braune Mehlschwitze

wird das Mehl so lange geröstet, bis es eine braune Farbe hat.

SAHNESAUCE
Grundrezept für 4 Portionen

Zutaten: *1/4 l Weißwein, 1 l Sahne, 2 EL Butter, Salz, weißer Pfeffer*

Zubereitung:
Den Weißwein bei mittlerer Hitze auf die Hälfte einkochen, die Sahne hinzufügen, unter Rühren mit dem Schneebesen auf die Hälfte einkochen lassen, die Butter dazugeben, einrühren, das Ganze mit Salz und Pfeffer würzen.

SAUCE BÉARNAISE
Eine Grundsauce Hollandaise erstellen, mit gehacktem Kerbel und Estragon vermischen, mit ein paar Spritzern Worcestersauce und Fleischextrakt abschmecken.

SAUCE HOLLANDAISE
Grundrezept für 4 Portionen

Zutaten: *500 g Butter, 4 Eigelb, 8 EL Weißwein, Saft von 1 Zitrone, Salz, weißer Pfeffer*

Zubereitung:
Die Butter bei mittlerer Hitze langsam zerlassen, dann kurz kochen und aufschäumen lassen, den Schaum mit dem Schaumlöffel abnehmen. Die Eigelbe mit dem Weißwein im Wasserbad schaumig schlagen, die heiße Butter tropfenweise unter Rühren dazugeben, das Ganze mit Zitronensaft, Salz und Pfeffer abschmecken.
Wird die Buttersauce zu heiß oder wird sie zu schnell untergerührt, kann sie gerinnen. Ist das geschehen, ein paar Tropfen kaltes Wasser von der Mitte der Sauce aus kreisförmig einrühren oder 1 Eigelb und 2 EL kaltes Wasser vermischen und langsam in die geronnene Sauce einrühren. Buttersaucen können nur kurze Zeit im Wasserbad warm gehalten werden; erkaltete Saucen lassen sich nicht mehr aufwärmen.

SAUCE TARTAR
Grundrezept für 4 Portionen

Zutaten: *4 hart gekochte Eier, 1 TL scharfer Senf, 1 EL Kräuteressig, 1/8 l kaltgepresstes Olivenöl, das klein gehackte Grün von 4 Frühlingszwiebeln, Salz, schwarzer Pfeffer, 4 Portionen frisch gerührte Majonäse*

Zubereitung:
Die Eier schälen, halbieren, Eiweiße und Eigelbe trennen. Die Eiweiße fein hacken, die Eigelbe mit Senf, Essig und Öl verrühren. Das Grün der Zwiebeln in feine Röllchen schneiden, Eiweißwürfelchen, Eigelbmasse und Zwiebelgrün miteinander vermischen, mit Salz und Pfeffer abschmecken und in die Majonäse einrühren.

Suppeneinlagen
Die bekanntesten Einlagen sind Backerbsen, Ei-Einlauf, Eierstich, Flädle, Fleischklößchen, Gemüsejulienne, Grießklößchen, Markklößchen, geröstete Weißbrotwürfel, Nudeln, gekochter Reis.

BACKERBSEN
Grundrezept

Zutaten: *1/8 l Wasser, 25 g Butter, 1 Prise Salz, 75 g Mehl, 2 Eier*

Zubereitung:
Das Wasser mit der Butter und dem Salz aufkochen, das Mehl auf einmal in die Flüssigkeit schütten und rühren, bis sich ein Kloß bildet. Leicht abkühlen lassen, die Eier nacheinander unterrühren. Den Teig in einen Spritzbeutel geben und auf ein gefettetes, bemehltes Blech Tupfen spritzen. 1 Tasse Wasser auf den Boden des auf 220 °C vorgeheizten Backofens gießen und die Backerbsen 10–12 Minuten backen.

EI-EINLAUF
Grundrezept

Zutaten: *1 Ei, 2 EL Mehl, Salz, geriebene Muskatnuss*

Zubereitung:
Das Ei verquirlen, das Mehl unterrühren, mit Salz und Muskatnuss würzen, durch ein Sieb in die heiße Suppe streichen.

EIERSTICH
Grundrezept

Zutaten: *2 Eier, 1/2 Tasse Milch, Salz, Muskatnuss, weißer Pfeffer, 1 TL fein gehackte Petersilie oder feine Schnittlauchröllchen*

Zubereitung:
Die Eier und die Milch verquirlen, mit Salz, Muskatnuss, weißem Pfeffer würzen, fein gehackte Petersilie oder feine Schnittlauchröllchen untermischen. Die Masse in eine mit heißem

Wasser gefüllte Wasserbadform geben. Bei mittlerer Hitze 30–40 Minuten bei geschlossenem Topf stocken lassen. Mit dem Messer aus der Form lösen und in beliebige Formen schneiden.

FLÄDLE
In sehr feine Streifen geschnittene Pfannkuchen.

FLEISCHKLÖSSCHEN
Gundrezept

Zutaten: *Brät von 1 Kalbsbratwurst, ca. 180 g, oder 150 g Rinderhack oder Tatar, 1 Eigelb, 1 EL gehackte Kräuter, 2 TL Semmelbrösel, Salz, Pfeffer*

Zubereitung:
Das Fleisch mit dem Eigelb, den Kräutern und den Semmelbröseln vermischen, würzen und zu haselnussgroßen Klößchen formen. In siedendem Wasser 5 Minuten gar ziehen lassen.

GEMÜSEJULIENNE
Gemüsejulienne sind feine Streifen von Lauch, Knollensellerie und Möhren, die entweder roh in die heiße Suppe gegeben werden oder zuvor 2–3 Minuten in Salzwasser gegart wurden.

GRIESSKLÖSSCHEN
Grundrezept

Zutaten: *1/8 l Wasser, 1 TL Salz, 2 EL Butter, 65 g Grieß, 1 Ei, 2 EL fein gehackte Petersilie*

Zubereitung:

Das Wasser mit dem Salz und der Butter zum Kochen bringen. Den Grieß unter Rühren einstreuen und so lange weiterrühren, bis sich der Grießkloß vom Topfboden löst. Den Topf vom Herd nehmen, das Ei und die Petersilie unterrühren. Das Wasser zum Kochen bringen, mit 2 Teelöffeln 12–16 kleine Grießklößchen abstechen und bei geringer Hitze ca. 5 Minuten im Wasser gar ziehen lassen. Die Klößchen dürfen nicht kochen, sonst fallen sie auseinander.

MARKLÖSSCHEN
Grundrezept

Zutaten:
1/2 Tasse Rindermark, 1/2 Tasse zerbröckeltes Weißbrot, 1 EL gehackte Petersilie, 2–3 Eier, Salz, Pfeffer, Mehl

Zubereitung:
Das Rindermark aus dem Knochen lösen, das Weißbrot mit der Petersilie und den Eiern ver-

mengen, das Rindermark unterrühren, würzen und das Ganze zu einem Teig verkneten. Ist der Teig zu weich, etwas Mehl einarbeiten. Den Teig auf eine bemehlte Arbeitsfläche geben, aus der Masse dünne Rollen formen, in Scheiben schneiden und diese zu Kugeln drehen. Die Markklößchen in der Brühe oder in Salzwasser 15 Minuten gar ziehen lassen.

GERÖSTETE WEISSBROTWÜRFEL
Grundrezept

Zutaten: *3 Scheiben entrindetes, gewürfeltes Weißbrot, 1 EL Butter, Salz*

Zubereitung:
Die Weißbrotwürfel in einer Pfanne ohne Fett anrösten, die Butter dazugeben und die Würfel unter Wenden goldbraun rösten. Mit wenig Salz würzen.

Vanillecreme
Grundrezept

Zutaten: *1/2 l Milch, 40 g Speisestärke, 4 Eigelb, Mark von 1/2 Vanilleschote, 120 g Zucker*

Zubereitung:
Von der Milch 4 EL abnehmen und mit der Speisestärke und den Eigelben verrühren. Den Rest der Milch mit dem Vanillemark und 100 g Zucker zum Kochen bringen. Die angerührte Speisestärke unter Rühren in die kochende Milch geben und einmal aufkochen lassen. Die Creme mit dem restlichen Zucker bestreuen und abkühlen lassen, durch ein Sieb streichen und mit dem Schneebesen glatt rühren.

Vanillesauce
Grundrezept für 4 Portionen

Zutaten: *1/2 l Milch, 1/4 Vanilleschote, 6 Eigelb, 100 g Zucker*

Zubereitung:
Die Milch mit der aufgeschlitzten Schote aufkochen, die Schote entfernen, das Mark in die Milch geben. Die Milch warm bereitstellen. Die Eigelbe mit dem Zucker in einer Schüssel leicht vermischen, dann kräftiger schlagen bis eine cremige, jedoch nicht schaumige Masse entstanden ist. Die Vanillemilch nach und nach zu der Eigelb-Zucker-Masse geben, dabei ständig rühren. Die Creme in einen Topf füllen und unter ständigem Rühren vorsichtig erhitzen, bis sie leicht angedickt auf dem Kochlöffel liegen bleibt. Die Vanillesauce darf nicht mehr kochen. Die Sauce durch ein feines Sieb passieren und warm oder kalt servieren.

Die wichtigsten Kräuter und Gewürze

von A bis Z

Gewürze allgemein

Das Abschmecken ist eine Kunst für sich. Beim Kochen sollten Sie es mit der Würzerei nicht übertreiben, würzen Sie erst mild, nachwürzen können Sie jederzeit. Gerade mit Pfeffer und Cayennepfeffer sollten Sie sehr vorsichtig umgehen. Haben Sie zu viel davon erwischt, ist meist das ganze Gericht hinüber. Und eigentlich helfen da selbst Omas Hausfrauentricks nicht mehr. Kochen Sie möglichst viel mit frischen Kräutern. Abgesehen davon, dass Ihre Gäste an den Kräutertöpfchen auf Ihrer Fensterbank gleich erkennen, dass Sie mit Liebe kochen, schmeckt jedes Gericht einfach noch besser.

Bewahren Sie getrocknete **Gewürze** getrennt in licht- und luftdichten Gefäßen auf, damit sie ihr Aroma möglichst lange behalten. Kaufen Sie Gewürze in kleinen Portionen ein; sie halten meist nur etwa 8 Monate. Kochen Sie ganze Gewürze (Lorbeerblätter, Nelken) in einem Tee-Ei mit, so können Sie sie nachher leicht entfernen.

Küchenkräuter bleiben frisch und schnittfest, wenn Sie sie in einem Glas mit weiter Öffnung und Schraubverschluss im Kühlschrank aufbewahren. Sie können Sie auch in einen Plastikbehälter mit Vakuumdeckel geben. Schneiden Sie Küchenkräuter nicht auf Holzbrettchen, nehmen Sie welche aus Kunststoff.

Besser ist, Plastikbrettchen zu verwenden. Wenn Sie einen Mixer haben, können Sie ganze Kräuterbüschel darin zerkleinern. Darauf achten, dass möglichst wenig Stiele mitverarbeitet werden, sie schmecken bitter.

Anis
Passt zu Weihnachtsgebäck, Backwaren, Süßspeisen, eingemachtem Obst.

Basilikum
Frisches Basilikum verliert beim Kochen an Aroma. Daher für Kochgerichte gerebeltes Basilikum verwenden. Es passt zu Tomaten, Käse, Lamm, Blattsalaten, Teigwaren, Auberginen, Zucchini, Geflügel, Kalbfleisch und Omeletts.

Bohnenkraut

Bohnenkraut wird mitgekocht. Es passt zu Hülsenfrüchten, Tomaten, Gurken, Geflügel und Schmorbraten.

Borretsch

Borretsch darf nicht gekocht werden, er verliert sonst völlig das Aroma. Er passt zu vielen Salaten, besonders zu Gurkensalat.

Brühwürfel

Brühwürfel zum Würzen stets an das fertige Gericht geben. Nicht mitkochen, sie verlieren sonst an Geschmack.

Brunnenkresse

Brunnenkresse wird frisch und fein gehackt verwendet. Sie ist als Brotbelag sehr erfrischend und schmeckt gut in Kräuterbutter. Sie passt zu Tomaten- und Blattsalaten, Suppen, Bratkartoffeln.

Cayennepfeffer

Cayennepfeffer wird ganz, zerstoßen oder gemahlen verwendet. Er ist sehr scharf, daher nur geringe Mengen verwenden. Er passt zu Fleisch, Mixedpickles, Gurken, Heringen, Eiern, zu Fisch- und Gemüsegerichten.

Chilipulver

Chilipulver ist sehr scharf, daher sparsam dosieren. Es passt zu Fisch, Gemüse, Suppen, Eier- und Quarkgerichten.

Curry

Curry wird als Pulver verwendet. Es gibt süßlich scharfe oder pfeffrig scharfe Mischungen. Es passt zu Lamm, Geflügel, Reis, Linsen und gehört in alle Chutneys.

Dill

Dill wird meist frisch verwendet. Er darf nur ganz kurz mitkochen. Er passt zu Fisch, Lachs, Shrimps, Krebsen, Gurken- und Kartoffelsalat.

Estragon

Estragon verwendet man frisch oder kocht ihn mit. Er passt zu Eiern, Kräuterbutter, Sauce Béarnaise und Hollandaise, Gemüsesuppen, Salatsaucen, Tomaten und Kalbfleisch.

Fenchel

Fenchel frisch als fein gehacktes Kraut oder getrocknet als Pulver verwenden. Er passt zu Suppen, Saucen, Fisch, Tomaten- und Blattsalaten, Quark, Kräuterlikören.

Gelbwurz

Gelbwurz wird in Pulverform verwendet und wird zum Färben von Fisch-, Fleisch-, Curry- und Gemüsegerichten verwendet.

Grüner Pfeffer

Die Inhaltsstoffe von grünem Pfeffer reizen die Magenwände nicht so stark wie die anderen Pfefferarten.

Ingwer

Ingwerwurzeln werden dünn geschält, fein geraspelt und dann mit den Speisen mitgegart. Ingwer macht fette Speisen bekömmlicher und hat einen feinen Geschmack. Statt frischen Ingwerwurzeln kann man auch Ingwerpulver – sparsam – verwenden. Ingwer passt zu Fisch- und Fleischgerichten, Süßspeisen, Konfekt, Kuchen, Brot, Mixedpickles, Chutneys.

Kardamom

Kardamom wird als Kapsel oder gemahlen verwendet. Er passt zu Backwaren, vor allem zu Lebkuchen.

Kerbel

Kerbel wird frisch verwendet. Er passt zu Fisch, Eiern, Salaten, Suppen, Saucen, Kräuterbutter, Majonäsen, Vinaigrettes, Frischkäse.

Knoblauch

Er wird roh verwendet oder mitgekocht. Getrocknet verwendet man ihn als Pulver. Er passt zu Hammel, fetten Braten, Fleisch-, Pasta- und Pizzagerichten, Eintöpfen, Salaten, Brot.

Koriander

Er wird ganz oder gemahlen verwendet und passt zu Gebäck, feinen Salaten und Saucen.

Kresse

Kresse wird frisch als Blättchen verwendet. Sie passt zu Salaten, Fisch-, Fleisch- und Eiergerichten sowie zu Quark.

Kreuzkümmel

Die ganzen Samen werden verwendet. Kreuzkümmel passt zu deftigen Fleischgerichten, zu Kohlgerichten, gehört in Marinaden für Wurst- und Käsezubereitungen.

Kümmel

Wird als Samen oder Pulver verwendet. Er passt zu Kohlgerichten, Sauerkraut, Gemüsesuppen, Kartoffeln, Käse, Gulasch, Gänsebraten, Brot und Brötchen.

Liebstöckel

Liebstöckel wird fein geschnitten und äußerst sparsam verwendet. Er passt zu Suppen, Saucen, Rouladen, Ragouts, Salaten und Gemüse.

Lorbeerblätter

Lorbeerblätter passen zu Fisch- und Fleischmarinaden, Suppen, Saucen, Frikassees, in Essiggemüse und zu eingelegten Gurken.

Majoran

Majoran wird mitgekocht. Er passt zu Pizza, Tomaten, Eier- und Käsegerichten, Kohl, Kartoffeln, Schmorbraten, Wurstsalaten.

Minze

Minze wird überwiegend fein geschnitten verwendet. Sie dient auch häufig zum Dekorieren von Süßspeisen und Drinks. Außerdem passt sie zu Lamm, Kartoffeln, Frucht- und Gemüsesalaten, Erbsen, Karotten, Quark.

Mohn

Mohn wird als Samen verwendet, der in speziellen Mohnmühlen gequetscht werden muss. Er passt zu Broten, Gebäck, Kuchen, Aufläufen. In der indischen Küche wird er zu Fleisch, Fisch und Geflügel verwendet.

Muskat

Muskat wird als ganze Nuss oder als Pulver angeboten. Er passt zu Kartoffelgerichten – insbesondere Kartoffelpüree – Kohl, Kohlrabi, Kalb- und Lammfleisch, Hackfleisch, Käsegerichten, Fondues, Lebkuchen, Waffeln.

Nelken

Nelken werden als ganze Knospen oder als Pulver eingesetzt. Nelken passen zu Suppen, Saucen, Fleischbrühen, Schmorbraten, Rindfleisch, Kohl, Lebkuchen und Apfelkompott.

Oregano

Oregano wird frisch, gerebelt oder auch als Pulver verwendet. Es passt hervorragend zu Pizza,

Tomaten, Salaten, Suppen, Geflügelgerichten, Nudeln, Rind-, Schwein- und Lammfleisch.

Paprika
Mit Paprikapulver sollte man erst nach dem Anbraten und Ablöschen würzen, da es sonst verbrennt und den Geschmack des Gerichtes verändert. Es passt zu Fleisch, Eierspeisen, Wurst- und Käsesalaten, Currygerichten, Käsebroten.

Petersilie
Petersilie lässt sich gut einfrieren, ohne dass sie an Geschmack verliert. Petersilie kann mitgekocht werden. Frische Zweige oder Bündelchen werden auch gern als Dekoration von Speisen verwendet. Petersilie passt zu Salaten, Suppen, Saucen, Vinaigrettes, Quark, Salzkartoffeln, Frischkäse.

Pfeffer
Pfeffer wird in Form von ganzen Körnern, getrocknet oder als Pulver verwendet. Er passt in Form von ganzen Körnern zu Marinaden, zer-

drückt zu Fleischbrühen, als Pulver zu allen pikanten Gerichten. Weißen Pfeffer nimmt man für helle Saucen und Majonäsen.

Piment

Piment wird in Form von ganzen Körnern und als Pulver verwendet. Er passt zu Beizen von Wild- und Sauerbraten, zu Fischmarinaden, zu eingelegten Gurken und Mixedpickles, zu Weihnachtsgebäck, Pflaumenkuchen und zu Pflaumenkompott.

Pimpinelle

Pimpinelle wird frisch und fein gehackt verwendet. Sie passt zu Salat, Kräutersauce, Gemüse, Fischmarinaden, Aalgerichten.

Portulak

Die fein gehackten Blätter passen zu Blattsalaten, Suppen, Kräutersaucen, Tomaten, Quark, Rohkostsalaten.

Rosmarin

Rosmarinnadeln oder -zweige werden mitgekocht. Frisch gehackt wird er nur zum Abschmecken kurz vor dem Servieren verwendet. Er passt zu Lamm, Geflügel, Marinaden, Teigwaren und Kräuterbutter.

Safran

Safran, als getrocknete Fäden oder Pulver, passt zu Paella, Risotto, Fischsuppen, Bouillabaisse, Kuchen.

Salbei

Salbei wird frisch oder getrocknet verwendet. Die fein gehackten, frischen Blätter können mitgekocht werden. Er passt zu Saltimbocca, Kalbsleber, Wild, Schmorbraten, Fisch, Nudeln.

Salz

Gibt man in das Salzfässchen ein paar Körner Reis, bleibt das Salz fein und verklumpt nicht.

Sauerampfer

Sauerampfer kann frisch verwendet, aber auch mitgekocht werden. Er passt zu Salaten, Kräutersaucen, Suppen, Quark, Jogurt.

Schnittlauch

Schnittlauch schneidet man gleichmäßig und schnell mit der Küchenschere in feine Röllchen. Er darf kurz mitkochen. Schnittlauch passt zu Salatsaucen, Vinaigrettes, Suppen, Salzkartoffeln, Eiern, Kräuterbutter, Quark und Ofenkartoffeln.

Senfkörner

Senfkörner passen zu allen Marinaden und Beizen für Fleisch, Fisch, Wild, zu eingelegten Gurken, Kürbissen, Zwiebeln, grünen und roten Tomaten, Sülzen, Aspikgerichten, Kohl und auch zu Sauerkraut.

Sellerie

Sellerie wird als Samen oder Kraut verwendet. Als Samen passt er zu Suppen, Saucen, Marinaden, Beizen, auch zu Kuchen und Gebäck. Als Kraut zu Suppen, Saucen, Quark, Frischkäsezubereitungen, Gemüsesäften.

Sesam

Sesam wird in Form von gerösteten Samenkörnern verwendet. Er passt zu Brot, Gebäck, Kuchen und Keksen. In der asiatischen Küche würzt er Reisgerichte.

Tamarinde

Tamarinde wird in ganzen Stücken, als Paste oder getrocknet im Block verwendet. Zu Saucen, Marinaden, Chutneys, Gelees und Getränken.

Thymian

Thymian kann frisch und fein gehackt sowie mitgekocht verwendet werden. Er wird auch getrocknet und gemahlen angeboten. Er passt zu Suppen, Marinaden, Schmorbraten, Tomaten, Fisch, Pizza, Nudelgerichten, Sahnesaucen, Eiergerichten, Pilzen.

Vanillestangen

Vanillestangen behalten ihr Aroma sehr lange, wenn sie in einem Schraubglas mit Zucker aufbewahrt werden. Vanille passt zu allen Süßspeisen, zu Gebäck und sogar zu Fisch!

Wacholderbeeren

Wacholderbeeren werden mitgekocht. Sie passen zu Beizen, Wild- und Schweinefleisch, Pasteten, Füllungen, Saucen, Sauerkraut.

Zimt

Zimt wird in ganzen Stangen und als Pulver angeboten. Er passt zu Milchreis, Grieß, Polenta, Kuchen, Gebäck, Apfelmus, Pflaumen, Glühwein, Marmeladen und Rotkohl.

Zitronenmelisse

Zitronenmelisse wird roh und fein gehackt verwendet. Sie darf nicht mitgekocht werden und passt zu grünen Salaten, Rohkostsalaten, Wild, Pilzgerichten, Süßspeisen. Zitronenmelisse ist zudem ein beliebtes Kraut für Garnierungen von Gerichten sowie von raffinierten Drinks.

Zucker

Zucker immer trocken lagern.

Exotische Früchte und Gemüse

Ananas

Die saftige, hoch aromatische Tropenfrucht kommt heute frisch mit einem Gewicht bis ca. 3 kg – Baby-Ananas bis 400 g – zu uns. Der weitaus größte Teil wird als Konserve angeboten. Von der Ananas wird zuerst das Grün abgetrennt, danach wird sie halbiert, geviertelt, von der Schale und dem harten Inneren befreit. Ananas passt zu warmem Milchreis, zu Eis und Schlagsahne, wird im Bierteig ausgebacken, gehört in Obstsalate, wird als Gelee und in Bowlen verarbeitet.

Artischocke

Beim Einkauf sollte man darauf achten, dass die Artischocken fest geschlossen sind und die Blätter nicht welk oder an den Spitzen braun sind. Artischocken sind nur gekocht genießbar, essbar sind der Blütenboden und die Verdickung am Ende der unteren Hüllblätter. Artischocken werden gefüllt oder mit verschiedenen Dips gereicht.

Aubergine

Auberginen sollten nur vollreif verwendet werden, da sie gewisse Giftstoffe enthalten, solange sie nicht ausgereift sind. Der richtige Reifegrad ist erreicht, wenn die Frucht auf Fingerdruck leicht nachgibt. Um die in der Frucht enthaltenen Bitterstoffe weitgehend zu entfernen, schneidet man die Früchte vor der weiteren Zubereitung in Scheiben, bestreut sie mit Salz und Zitronensaft und lässt sie 30–60 Minuten ziehen. Danach spült man sie ab und tupft sie trocken. Auberginen eignen sich zum Braten, Grillen, zum Füllen und Überbacken. Sie sind zudem ein wichtiger Bestandteil der griechischen Moussaka.

Avocado

Das Fruchtfleisch der Avocado ist besonders reich an Vitaminen und Mineralstoffen. Obwohl Avocados häufig zum Gemüse gezählt werden, gehören sie zum Obst. Sie können ausschließlich roh verzehrt werden; beim Kochen bilden sich Bitterstoffe. Avocados haben den richtigen Reifegrad, wenn das Fleisch butterweich ist. Die

Schale muss auf Druck nachgeben, beim Schütteln der Frucht muss der Kern im Inneren zu hören sein. Avocados werden halbiert, der Kern entnommen; das Fruchtfleisch wird mit einem Löffel herausgelöst. Eine andere Methode ist, die Frucht zu schälen, den Kern zu entfernen und das Fleisch in Spalten zu schneiden. Avocados schmecken mit Pfeffer und Salz bestreut, mit einer Vinaigrette, gefüllt mit Shrimpscocktail, in Salaten oder auch als Brotaufstrich.

Babaco

Diese gurkenförmige Frucht ist eine Verwandte der Papaya. Im Gegensatz zu ihr ist ihre gelbe Schale essbar. Das gelblich weiße Fruchtfleisch ist weich und saftig. Das Innere der Frucht – ein Hohlraum mit schwammigem, weißem Gewebe und Fasern, in das die Samen eingebettet sind – wird vor dem Verzehr entfernt. Die Vitamin C- und mineralstoffhaltigen Früchte sind gute Durstlöscher. Sie werden in Scheiben geschnitten als Kuchenbelag oder für Obstsalate verwendet oder püriert zu Cremes oder Saft verarbeitet.

Bambus

Bambus gehört zu den Gemüsen und kommt bei uns als in Dosen konservierte „Bambussprossen" in den Handel. Er wird insbesondere für asiatische Spezialitäten verwendet. Zur weiteren Verarbeitung lässt man den Bambus abtropfen und schneidet ihn in dünne Scheiben oder Stifte.

Brotfrucht

Die Brotfrucht gehört zu den Maulbeergewächsen. Sie ist keine Einzelfrucht, sondern ein Fruchtstand, der sich aus 16–24 kastaniengroßen Nussfrüchten zusammensetzt. Die Frucht hat eine kugelige Form, erreicht einen Durchmesser von 20–30 cm, hat im Reifezustand eine gelbe Schale und goldgelbes Fruchtfleisch, das süß, aber etwas streng schmeckt. Der leicht faulige Geruch der Frucht lässt sich durch Einlegen in Salzwasser beseitigen. Das Fruchtfleisch kann roh oder gegart als Gemüse gegessen werden.

Chayote

Das birnenförmige, grüne bis gelbgrüne Kürbis-
gewächs kann bis zu 500 g schwer werden. Das
helle Fruchtfleisch ist wässrig und kalorienarm.
Die Früchte können süß als Kompott oder in
Obstsalaten und auch pikant als Gemüsebeilage
zubereitet werden. Sie werden geschält, entkernt,
geschnitten und in wenig Wasser gegart.

Cherimoya

Die Frucht ist eine der gesündesten tropischen
Obstarten. Die Früchte sind erdbeerförmig und
werden bis zu 20 cm groß. Die reife, empfindliche Frucht hat eine bräunliche Farbe und gibt auf
Druck nach. Die Früchte werden geschält, das
Fruchtfleisch herausgelöffelt, wobei die sich im
Innern der Frucht befindlichen Samenkerne nicht
genießbar sind. Das Vitamin-C-reiche Fruchtfleisch schmeckt süß und sahnig und erinnert an
eine Kreuzung von Ananas, Banane und Papaya.

Dattel

Datteln werden ca. 5 cm lang und haben eine goldgelbe bis braunrote, glatte, essbare Schale. Inmitten des hellen, festen Fruchtfleischs befindet sich der längliche Kern, der entfernt werden muss. Datteln enthalten viel Eisen und Vitamin C und sind daher sehr gesund. Im getrockneten Zustand halten sich Datteln beinahe unbegrenzt, frische Früchte kann man monatelang im Kühlschrank aufbewahren und sehr gut einfrieren. Datteln können roh oder gegart verzehrt werden. Sie werden gefüllt, süß umhüllt oder zu feinen Saucen verarbeitet.

Feige

Die birnenförmigen oder kugeligen Früchte werden bis zu 8 cm groß. Die Schale ist im reifen Zustand je nach Sorte grün bis dunkelviolett. Das Fruchtfleisch ist hellrosa oder rötlich gefärbt. Feigen sollten möglichst rasch verzehrt werden, da ihre Qualität durch längere Lagerung leidet. Bei dünnschaligen Früchten kann die Schale mitgegessen werden. Das Fruchtfleisch der frischen

Früchte wird ausgelöffelt oder in Stücke geschnitten. Feigen eignen sich für süße Desserts und als Beilage zu kräftig gewürzten Speisen. Zum Haltbarmachen werden sie in Zuckersirup oder süßsauer eingelegt.

Feijoa

Die rundlichen bis birnenförmigen Früchte werden bis zu 9 cm lang; die Schale ist wachsartig und dunkelgrün. Das gelblich bis hellgrüne Fruchtfleisch ist weich und saftig. Gibt die Frucht auf leichten Druck nach, ist sie reif. Sie wird am besten frisch verzehrt; ihr Geschmack erinnert an eine Mischung aus Ananas und Pfefferminze. Die Früchte sind auch gut für Mameladen und Gelees geeignet.

Granatapfel

Die Frucht ist kugelig mit einem Durchmesser bis 9 cm. Die lederartige, harte Schale ist bräunlich gelb bis rot. An einem Ende der Frucht befindet sich der eingetrocknete Blütenkelch. Das Innere der Frucht ist durch dünne Wände in mehrere Kammern eingeteilt, in denen sich mehrere hundert hellbraune, von rotem, knackigem Fruchtfleisch umgebene Kerne befinden. Der Saft der Granatäpfel hinterlässt bräunliche Flecken, die kaum zu entfernen sind. Granatäpfel sollten maximal 1 Woche im Kühlschrank aufbewahrt werden. Man verwendet entweder nur den Saft oder die rohen Samen mit dem sie umhüllenden Fruchtfleisch. Den meisten Saft gewinnt man, indem man die Frucht so lange auf einer harten Unterlage mit Druck hin und her rollt, bis im Innern deutliche Knackgeräusche zu hören sind. Dann schneidet man ein Loch in die Schale und presst den Saft heraus. Man kann ihn aber auch direkt mit dem Strohhalm aus der Frucht trinken.

Guave

Die apfelgroßen, ovalen Früchte haben eine weiche Schale, die bei Vollreife gelb ist. Das Fruchtfleisch kann weißlich, gelblich oder rosa gefärbt sein. Die kantigen, hellen Samen im Innern können mitgegessen werden. Das Fruchtfleisch ist sämig-weich und hat dort, wo sich die Samen befinden, eine schleimige Konsistenz. 100 g Guavenfruchtfleisch enthalten zwischen 300 und 700 mg Vitamin C. Wegen des sehr hohen Vitamingehaltes werden die Früchte zur Saft-, Limonaden- und Marmeladenherstellung verwendet. Guaven werden roh oder als Kompott verzehrt.

Johannisbrot

Die Hülsenfrüchte des Johannisbrotes werden bis zu 20 cm lang und bis 4 cm breit. Sie sind flach, schwärzlich braun, die Nahtränder sind aufgebogen. Im Innern befinden sich glänzend braune, nicht essbare Samen. Sind die Hülsen nicht zu alt, kann auch die Schale mitgegessen werden. Die Hülsen werden grün geerntet und dann erst getrocknet, wodurch sie die dunkelbraune Farbe erhalten. Das Fruchtmark hat einen sehr hohen Zuckergehalt und ist reich an Vitaminen und Mineralstoffen. Als süßes Naschwerk wird Johannisbrot gemahlen oder zerkleinert bei Backwaren wie Früchtebrot oder Plätzchen verwendet.

Kaki

Die Früchte sehen aus wie leicht eckige, abge-
flachte Tomaten. Die glatte Schale ist gelborange
bis orangerot gefärbt. Typisch sind die 4 vertrockneten Kelchblätter, die um den Stielansatz
an der Frucht sitzen. Das Fruchtfleisch hat die-
selbe Farbe wie die Schale. Wenn die Frucht vollreif ist, hat das Fleisch eine puddingähnliche
Konsistenz. Kakis enthalten viel Karotin, das der
Körper in Vitamin A umwandelt. Die **Sharon-
frucht** ist eine israelische Züchtung der Kaki.
Sharons sind samenlos, etwas kleiner als Kakis
und haben eine hellere Farbe. Bei der Sharon
kann die Schale mitgegessen werden, bei der
Kaki nicht. Das Aroma der Kaki ähnelt reifen,
säurearmen Mirabellen. Die Sharon schmeckt
süßsauer und lässt sich mit Pflaumenkompott
vergleichen. Kakis oder Sharons können roh gegessen werden. Hierfür löffelt man das Fruchtfleisch aus. Die Früchte eignen sich zum Füllen
und Überbacken, wobei die Haut der Kaki entfernt werden muss.

Kaktusfeige

Die Schalen der ovalen, bis zu 10 cm langen Früchte haben warzenartige Erhebungen mit kleinen, spitzen Dornen. Die Schale kann gelb, orange oder rotviolett sein. Das Fruchtfleisch ist gelb, rosa oder rot und mit schwarzen Samen durchsetzt. Der Saft der roten Früchte hinterlässt fast nicht zu entfernende Flecken. Reife Früchte geben auf Druck nach und können noch einige Tage im Kühlschrank gelagert werden. Das Fruchtfleisch wird mit den Samen verzehrt. Um die stacheligen Früchte schälen zu können, legt man sie einige Zeit in kaltes Wasser, danach lassen sich die Stacheln mit einer Bürste entfernen. Dann die Haut abziehen, die Früchte aufschneiden und das Fleisch auslöffeln.

Kapstachelbeere

Die Kapstachelbeere sieht unserer einheimischen Lampionblume sehr ähnlich. Die Früchte sind etwa kirschgroße, orangefarbene Beeren, die noch mit dem vertrockneten Blütenkelch umhüllt in den Handel kommen. Anhand des vertrockneten

Blütenkelchs erkennt man, ob die Frucht in Ordnung ist. Ist er dunkel, zusammengefallen oder angeschimmelt, ist die Frucht nicht mehr zu verwenden. Kapstachelbeeren sollten kühl aufbewahrt und möglichst bald verbraucht werden. Die Früchte kann man pur verzehren oder zu Süßspeisen und Konfitüre verarbeiten. Sie eignen sich auch für Rumtöpfe, Bowlen und Longdrinks. Die trockenen Kelchblätter werden vor dem Verzehr entfernt.

Karambola

Die Früchte werden bis zu 12 cm lang und weisen in Längsrichtung 5 tiefe Rippen auf. Schneidet man sie quer in Scheiben, entstehen fünfzackige Sterne, die sich gut zum Garnieren von Speisen, Desserts und Drinks eignen. Daher wird die Karambola auch Sternfrucht genannt. Die Schale ist wachsartig, blassgrün, hell- oder goldgelb. Färbt sich die Schale an den Kanten bräunlich, hat die Frucht ihren höchsten Reifegrad erreicht. Das Fruchtfleisch ist gelb, knackig, samtig und duftet nach Jasmin. Reife Früchte

sollten im Kühlschrank aufbewahrt und möglichst bald verwertet werden. Sie eignen sich
nicht zum Einfrieren.

Kiwano

Die Frucht ist eine besondere Melonenart, die
auch Hornmelone genannt wird. Sie wird 10–14 cm
lang und hat einen Durchmesser von ca. 8 cm.
Die walzenförmige Frucht ist mit hornartigen
Auswüchsen bedeckt. Die Schale kann gelb bis
rot sein, das Fruchtfleisch ist grünlich, sehr
weich und mit flachen, hellen Samen durchsetzt.
Kiwanos lassen sich an einem kühlen, trockenen
Ort problemlos über längere Zeit aufbewahren.
Sie gehören aber nicht in den Kühlschrank. Die
Frucht wird längs halbiert und das Fleisch ausgelöffelt. Kiwanos werden gern zur Dekoration
von Büfetts eingesetzt. Das Fruchtfleisch wird
herausgelöffelt und die Schale als dekoratives
Gefäß für Obst- oder pikante Salate verwendet.

Kiwi

Wegen ihrer braunen, rötlich behaarten Schale werden die hühnereigroßen Früchte auch Chinesische Stachelbeeren genannt. Die Schale der Kiwi ist ungenießbar, das grüne, Vitamin-C-haltige Fruchtfleisch ist sehr saftig. Die Früchte sind vollreif, wenn sie auf Druck leicht nachgeben. Ist die Schale schrumpelig, sind die Kiwis zu weich und verlieren an Aroma. Um die Früchte pur zu essen, halbiert man sie quer und löffelt sie aus. Man kann sie auch dünn schälen und in Scheiben geschnitten anderen Gerichten beifügen oder Obstkuchen mit ihnen belegen. Halbierte Früchte oder Scheiben, die in Zackenform geschnitten werden, bereichern jede kalte Platte. Quark und Sahne können im Zusammenhang mit Kiwis bitter schmecken.

Kokosnuss

Die Kokosnuss ist eine Steinfrucht. Sie ist eiförmig und wird 12–20 cm lang. Die harte, dunkelbraune Schale ist mit eng anliegenden Fasern umgeben. An der Spitze befinden sich 3 rundliche Keimporen. Die Kokosnuss ist voll ausgereift, wenn man den Saft im Innern beim Schütteln deutlich hören kann. Bevor man die Frucht öffnet, bohrt man ein Loch in die harte Schale und lässt die „Milch" herauslaufen. Dieses Kokoswasser trinkt man am besten eisgekühlt. Ist die Frucht geleert, kann man sie öffnen. Dazu umwickelt man sie mit einem Küchentuch, legt sie auf den Boden und schlägt einige Male mit dem Hammer auf die Schale. Im Innern befindet sich das schneeweiße Kokosfleisch, das man mit einem Messer herauslöst. Leichter geht dies, wenn man die Schale für einige Minuten in den auf 150 °C erhitzten Backofen gibt. Kokosnüsse eignen sich neben dem puren Verzehr zum Verfeinern vieler Gerichte und Backwaren.

Kumquat

Die Kumquat hat die Farbe der Orange und auch eine ähnliche Haut, ist aber keine Zitrusfrucht. Die Früchte sind kugelig oder oval mit einer Länge von ca. 4 cm und einem Durchmesser von ca. 2,5 cm. Das Fruchtfleisch ist orangefarben und in 3–6 Kammern unterteilt. Im Innern befinden sich einige wenige Kerne. Im Gegensatz zur Orange kann die Schale der Kumquat mitgegessen werden. Die Früchte werden gewaschen und im Ganzen verzehrt. Der Geschmack ist herb-süß und durch die Schale leicht bitter; er erinnert an ein saftiges, leicht bitteres Orangeat. Kumquats eignen sich zum Aromatisieren von Drinks, Fruchtsalaten und Desserts. Sie passen auch gut zu Fleisch-, Fisch- und Geflügelgerichten. In Scheiben geschnitten sind sie zudem eine dekorative Garnierung.

Limette

Die kugeligen bis eiförmigen Zitrusfrüchte haben eine grüne bis gelbliche Schale. Auch das in Kammern unterteilte Fruchtfleisch ist grünlich. Die Früchte enthalten keine oder nur sehr wenige Kerne. Die Schale sollte beim Kauf glatt und fest sein. Die grünen Sorten sind aromatischer. Es wird entweder das ganze Fruchtfleisch oder der Saft verwertet. Limettensaft hat einen intensiveren Geschmack als Zitronensaft und eignet sich daher hervorragend zum Aromatisieren von Getränken. Das filetierte Fruchtfleisch schmeckt hervorragend in Obstsalaten und zu Fischgerichten.

Litschi

Frische Litschis übertreffen im Geschmack die in Dosen konservierten Früchte um Längen. Die rötlich braune, spröde Schale ist in kleine Felder mit spitzen Wärzchen unterteilt. Die Schale ist sehr dünn, sodass sie sich sehr leicht vom Fruchtfleisch löst. Das transparent wirkende Fruchtfleisch ist saftig und hat einen frischen, süßlichen Geschmack. Im Innern der Frucht befindet sich ein recht großer brauner Kern, der nicht mitgegessen werden kann. Litschis werden geschält, halbiert und entsteint. Roh eignen sie sich als

Beigabe zu Shrimpscocktails, Blattsalaten mit Frenchdressing, Obstsalaten, Longdrinks, Bowlen, als exotische Beilage in Saucen zu hellen Fleischgerichten, wobei die Früchte nur sehr kurz erwärmt – nicht gekocht – werden dürfen, da sie sonst zäh werden.

Loquat
Die Früchte sind birnen- bis kugelförmig und werden 7–8 cm lang. Schale und Fruchtfleisch sind orangegelb. Im Innern befindet sich ein apfelartiges Gehäuse. Das Fruchtfleisch ist fest, saftig und süß. Reife Früchte sind bei kühler Lagerung maximal 2 Wochen haltbar. Die geschälten, vom Kerngehäuse befreiten Früchte werden roh verzehrt; sehr weiche Früchte verarbeitet man zu Kompott.

Mango
Die ovalen Früchte werden bis zu 15 cm lang. Die wachsartige Schale ist grün, gelblich, orange oder rotviolett oder in mehreren dieser Farben gefärbt. Die Schale kann nicht verzehrt werden.

Das tiefgelbe, Vitamin-C- und Provitamin-A-haltige Fruchtfleisch ist sehr saftig; in seiner Mitte befindet sich ein großer, von einer harten, faserbesetzten Schale umgebener Kern, von dem das Fruchtfleisch nur schwer abzulösen ist. Die vollreife Frucht besitzt einen süßlichen Geschmack, der dem eines vollreifen Pfirsichs ähnelt. Reife Früchte geben auf Druck leicht nach und haben einen zarten Duft. Reife Mangos sollten im Kühlschrank aufbewahrt werden. Das Fruchtfleisch der Mango eignet sich zum Rohverzehr, für Obstsalate, Sorbets, Cremes und natürlich für das berühmte Chutney.

Maracuja

Die Maracuja, auch Passionsfrucht, hat eine kugelige Form und eine wachsartige Schale, die dunkelviolett, grüngelb oder orange sein kann. Im Innern befinden sich zahlreiche Samen, die von schleimigem, gelbgrünem Fruchtfleisch umgeben sind. Im Handel werden verschiedene Varianten der Passionsfrucht angeboten, die sich äußerlich nicht sehr ähnlich sehen, ansonsten aber gleich sind. Man kennt die Purpurgrenadille, die Gelbe Passionsfrucht, die Süße Grenadille und die Curuba. Bei weichschaligen Früchten wird die Schale oft knitterig, was aber über die Qualität der Frucht nichts aussagt. Die Früchte lassen sich im Kühlschrank über mehrere Wochen aufbewahren. Gerichte oder Getränke werden mit dem Saft der Maracuja zubereitet, der durch das Pürieren des Fruchtfleischs und das anschließende Filtern gewonnen wird. Den aromatischsten Saft besitzt die Purpurgrenadille.

Melone

Zur Gruppe der Zuckermelonen gehören die verschiedensten Früchte in den unterschiedlichsten Formen und Färbungen. Melonen zählen zu den Kürbisgewächsen; sie können rund, oval oder birnenförmig sein. Ihre Schale ist glatt, rau, runzelig oder mit dornenähnlichen Auswüchsen besetzt. Sie sind einfarbig gelb, grün oder gemustert. Das Fruchtfleisch ist gelblich, grün oder rot und enthält zahlreiche helle oder dunkle Kerne. Allen Melonen ist gemeinsam – bis auf die Wassermelone –, dass sich die Kerne in einer Höhlung in der Fruchtmitte befinden und leicht zu entfernen sind. Ganze Früchte mit unversehrter Schale sind bei kühler Lagerung mehrere Wochen haltbar. Die Reife der Frucht ist am Geruch erkennbar. Die Schale von Melonen ist nicht essbar. Das Fruchtfleisch wird in Scheiben geschnitten oder mit dem Kugelausstecher geformt. Melonen passen in Fruchtsalate, zu Käse, Fleisch, Schinken. Sie sind äußerst dekorativ und fehlen auf keinem Kalten Büfett.

DAS MELONEN-ANGEBOT IM HANDEL
Ananasmelone: Die Ananasmelone gleicht der Honigmelone, hat jedoch einen Ananasduft.
Charentais-Melone: Melone mit hellgrüner, glatter Schale mit dunkelgrünen Längsstreifen. Das aprikosenfarbene Fruchtfleisch hat ein besonders feines Aroma. **Galeamelone:** Die gelbbraune Schale hat eine Netzstruktur; das Fruchtfleisch ist weißlich grün und schmeckt süß.
Honigmelone: Gelbschalige, ovale Melone mit gelblich grünem Fruchtfleisch und Honigaroma.

Kantalupmelone: Kugelige Frucht mit längs gerillter Schale, die gelegentlich mit Warzen bedeckt ist. Die Früchte werden bis zu 1 kg schwer. Das Fruchtfleisch verdirbt schnell. **Ogenmelone:** Kreuzung zwischen Netzmelone und Kantalupmelone. Die gelbe Schale hat längs verlaufende, grüne Streifen. Das Fruchtfleisch ist hellgrün, sehr saftig und leicht säuerlich. Die Ogenmelone ist mit etwa 500 g die kleinste unter den Melonensorten.

Nashi
Die Frucht – auch Chinesische Birne genannt – ist mit unseren einheimischen Birnen verwandt. Das Fruchtfleisch ist sehr hell, knackig und saftig. Auch das Kerngehäuse ähnelt dem unserer Birnen. Die Frucht schmeckt nach Apfel und Birne zugleich. Die Früchte werden roh verzehrt; die Schale wird abgeschält, das Kerngehäuse entfernt.

Okra
Okra sind ein kalorienarmes Gemüse, das im Geschmack an Bohnen erinnert. Sie enthalten

viel Vitamin A und C sowie wertvolle Mineralstoffe. Die Früchte sind fingerlange Kapseln mit
vielen kleinen, weichen Samen im Inneren, die
mitgegessen werden. Beim Kauf sollte man darauf achten, dass die Kapselfrüchte eine frische
grüne Farbe besitzen und keine schwarzen
Flecken haben. Okra werden in Salzwasser
gegart. Sie passen zu Suppen, Saucen und Eintöpfen, in Gemüsepfannen und werden auch als
Salat zubereitet.

Papaya

Die Früchte sind oval bis birnenförmig und werden 10–25 cm lang. Die Schale ist grün und ver-
färbt sich mit zunehmender Reife gelb bis orangerot. Die Schale wird nicht mitgegessen. Das
Fruchtfleisch ist gelb, orange oder rosa gefärbt.
In der Mitte der Frucht sitzen kugelige Samen in
einer Art Gelee in einer kleinen Höhle. Papayas
enthalten viel Vitamin A und C. Papayas sind
reif, wenn die Schale fast gelb ist und die Früchte
sich weich anfühlen. Vollreife Papayas können
noch 1 Woche im Kühlschrank aufbewahrt wer-

den; man kann sie zudem einfrieren. Die Frucht wird halbiert, die Samen mit einem Löffel entfernt und die Frucht geschält. Wird das Fleisch mit Limettensaft beträufelt, kommt das Aroma am besten zur Geltung.

Pepino

Die Früchte sind eiförmig und können bis zu 200 g schwer werden. Die glatte, feste Schale ist gelb bis orange mit lilafarbenen Längsstreifen. Das gelbliche Fruchtfleisch ist sehr saftig. Im Innern der Frucht befinden sich viele kleine Samen, die man wie bei einer Honigmelone entfernt. Die Schale ist nicht zum Verzehr geeignet. Man halbiert die Frucht, schabt die Kerne heraus, beträufelt das Fruchtfleisch mit etwas Zitronensaft und bestreut es mit Zucker. Dann wird die Frucht einfach ausgelöffelt. Man kann sie auch als Kompott oder süßsauer einkochen.

Pomelo

Die Pomelo gehört zu den Zitrusfrüchten. Sie ist eine Variante der Grapefruit und sieht ihr sehr

ähnlich, allerdings hat sie eine leichte Birnen-
form. Die Frucht wird sehr groß, sie kann bis zu
2,5 kg wiegen. Die besonders dicke Schale ist
unbehandelt und kann gegessen werden. Das
Fruchtfleisch ist hellgelb oder rot und von festen,
weißen Häuten umgeben, die vor dem Verzehr
entfernt werden sollten. Der herbe Geschmack
des Fruchtfleischs passt besonders gut zu Obstsalaten. Die Pomelo wird insbesondere wegen
ihrer Schale gern verwendet. Schale und Fruchtfleisch ergeben eine köstliche Marmelade.

Rambutan

Die Rambutan gehört zur selben Pflanzen-
gruppe wie die Litschi und ist ihr auch sehr ähnlich. Die Früchte sind rundlich oval, bis zu 5 cm
groß und haben eine feste, rote Schale, die in
viele kleine Felder unterteilt ist. In jedem dieser
Felder sitzt ein roter oder gelber Stachel. Die Stacheln kräuseln sich um die Schale. Da die Stacheln sehr weich sind, wird die Frucht auch
„Haarige Litschi" genannt. Das Fruchtfleisch ist
gelblich und sehr saftig. Die Früchte werden bei

uns in Kunststofffolie verpackt angeboten. Wird die Folie entfernt, färbt sich die Schale bräunlich und die Stacheln werden brüchig. Die Rambutan wird wie die Litschi geschält verwendet.

Süßkartoffel

Die Knollen der Süßkartoffel – auch „Batate" genannt – können bis zu 3 kg schwer werden und haben eine längliche Form. Die Schale ist hell- bis dunkelrot, das Innere der Knolle weißlich bis leicht rötlich. Süßkartoffeln eignen sich gebraten als Beilage oder gekocht für Salate.

Tamarillo

Die eiförmigen, ca. 10 cm langen Früchte ähneln den Tomaten. Die glatte Schale ist gelb, rot oder dunkelrot. Die gelbschaligen Früchte haben einen süßeren Geschmack als die rotschaligen. Die zahlreichen weichen Samen sind wie bei der Tomate im gelben oder roten Fruchtfleisch ange- ordnet. Die sehr bittere Schale wird vor der Zubereitung abgezogen. Tamarillos können pi- kant oder süß zubereitet werden.

Wassermelone

Die großen, runden Früchte können bis zu 15 kg schwer werden. Die hell- bis dunkelgrüne Schale ist glatt, das Fruchtfleisch rot und mit vielen schwarzen Kernen durchzogen. Die Melone besteht zu 95% aus Wasser und ist besonders gut gekühlt ein guter Durstlöscher. Den Reifegrad der Frucht stellt man durch das Klopfen mit der flachen Hand auf die Schale fest. Es muss hohl klingen.

Küchenlatein

Das Wichtigste von A bis Z

Auch erfahrene Hobbyköchinnen und -köche stolpern manchmal über die Fachsprache in Kochbüchern. Der Platz in diesem Buch reicht nicht aus für ein komplettes Küchenlexikon, denn es gibt unendlich viele Begriffe aus der kreativen Küche. Die wichtigsten sollten Sie aber wissen.

Abbrühen: Mit kochendem Wasser übergießen.
A la minute: In einer Minute; auf den Zeitpunkt des Servierens hin frisch zubereitet.
Al dente: Bissfest, nicht zu weich kochen (z. B. Nudeln).
Ablöschen: Bratensatz mit Flüssigkeit lösen.
Abschäumen: Den eiweißhaltigen Schaum, der sich z. B. beim Abkochen von Fleisch bildet, mit einem Schaumlöffel entfernen.
Abschrecken: Gekochtes mit kaltem Wasser übergießen.
Binden: Suppen oder Saucen mit Mehl oder Saucenbinder sämiger machen.
Bismarck-Hering: Mariniertes Heringsfilet.
Blanchieren: Z. B. Gemüse kurzzeitig für 2–3 Minuten in kochendes Wasser geben.

Blondieren: Das leichte Anbräunen von Knoblauchscheiben oder Zwiebelringen und -würfeln.

Boef Stroganoff: Gebratene Rinderfiletstreifen in pikanter Sauce.

Bouquet garni: Sträußchen aus frischen Kräutern, das zusammengebunden in Suppen und Saucen mitgegart und vor dem Servieren entfernt wird.

Deglacieren: Das Ablöschen von Bratensatz, Mehlschwitze, gerösteten Fleisch-, Fisch- oder Gemüsestücken mit Wasser, Brühe, Wein, Sahne oder Crème fraîche, damit sich die Röst- und Aromastoffe lösen und in die Bratensauce übergehen.

Dünsten: Empfindliche Nahrungsmittel werden im zugedeckten Topf bei mittlerer Hitze in wenig Flüssigkeit mit geringer Fettzugabe gegart.

Farce: Füllung für z. B. Geflügel und Pasteten.

Filet Wellington: Rinderfilet mit Champignons im Blätterteigmantel.

Filieren oder Filetieren: Das Herauslösen des Filets mit dem Filetiermesser.

Flambieren: Ein Gericht kurz vor dem Servieren mit Alkohol (mindestens 54%) übergießen und anzünden. Das Gericht wird brennend serviert.

Fond: Der Saft der nach dem Braten von Fleisch, Fisch, Geflügel zurückbleibt und als Grundlage für die Sauce dient.

Fürst Pückler'-Eis: Eisbombe mit Erdbeer-, Sahne- und Schokoladeneis.

Glasieren: Ein Gericht mit Gelierflüssigkeit, Zucker- oder Schokoladenguss überziehen.

Gratin: Überbackener Auflauf.

Gratinieren: Ein Gericht im Backofen oder Grill überbacken, um eine knusprige Kruste zu erhalten.

Kaiser-Schmarren: Zerrissener Eierkuchen mit Zucker, Zimt und Rosinen.

Klären: Das Entfernen sämtlicher Trübstoffe aus Suppen, Säften, Butter, Gelees, das durch das Einrühren von Eischnee erreicht wird.

Köcheln: Auf kleinster Flamme minimal kochen lassen.

Lady Curzon-Suppe: Feine Schildkrötensuppe mit Curry, Sherry und Sahne.

Lardieren: Das Spicken magerer Fleischstücke.

Legieren: Suppen und Saucen mit Eigelb, Sahne oder anderen Bindemitteln binden.

Marinieren: Fleisch, Fisch oder Gemüse in einer Beize einlegen.

Napoleon-Schnitte: Mehrschichtige Blätterteigschnitte mit Cremefüllung, Zuckerguss und Schokoladenverzierung.

Palatschinken: Hauchdünne Eierkuchen, die mit gesüßtem Quark, Schokolade oder Konfitüre gefüllt, aufgerollt und mit Puderzucker bestäubt werden.

Parfait: Halb Gefrorenes.

Passieren: Durch ein Sieb streichen.

Pie: Mürbeteigkuchen mit einer Obstfüllung und Teigdecke.

Pochieren: Das Garen von Speisen in Wasser direkt unter dem Siedepunkt.

Quiche: Mürbeteigkuchen mit pikanter Füllung.

Reis Trautmannsdorff: Milchreis mit Früchten, Maraschino und Sahne.

Rumford-Suppe: Erbsen-Kartoffel-Suppe mit Graupen und Speckwürfeln.

Sabayon: Eierschaumcreme mit Likör.

Spicken: Z. B. Fleisch mithilfe einer Spicknadel mit Speckstreifen durchziehen.
Sud: Flüssigkeit, in der Fleisch, Fisch oder Gemüse gekocht wird.
Tranchieren: Geflügel, Fisch oder Braten fachgerecht zerlegen.
Unterheben: Etwas – z. B. Eischnee – vorsichtig unter eine Speise heben.
Wasserbad: Eine Speise in einem kleinen Topf, der in einem größeren mit kochendem Wasser hängt, erwärmen, damit die Hitze nicht direkt ans Kochgut kommt.
Zabaione: Eierschaumcreme mit Marsala.
Ziehen lassen: Etwas in kochend heißer, aber nicht kochender Flüssigkeit garen.

Wenn Gäste kommen

Wenn Sie eine intime Tête-à-Tête-Einladung planen, also die Liebste oder den Liebsten kulinarisch verführen wollen, tun Sie sich den Gefallen und kochen Sie nur etwas, was Sie vorher ausprobiert haben und wirklich gut „drauf" haben. Nichts ist ungemütlicher als eine hektische Köchin, bzw. Koch. Denken Sie auch daran, den Tisch schön zu decken. Anregungen dazu finden Sie ab Seite 316. Bis zu vier Gäste kann man locker „kochmäßig" bewältigen. Sind es mehr, geben Sie lieber kein Dinner, sondern eine Party. Die Bewirtung lässt sich viel besser erledigen.

Die Party-Planung

Party bedeutet zwangloses, geselliges Beisammensein ohne hektisches „Ständig-in-die-Küche-laufen" und „Getränke-aus-dem-Kühlschrank-zerren". Dazu braucht es aber eine gut organisierte Vorbereitung. Machen Sie sich schon von Anfang an klar, dass in Ihrer Wohnung so gut wie jede Räumlichkeit benutzt oder besichtigt werden wird. Also machen Sie vorher **Ordnung**! Achten Sie besonders darauf, dass Küche und

Bad pikobello sind. Apropos Küche: Stellen Sie hier in jedem Fall **Aschenbecher** auf – es sei denn, bei Ihnen darf drinnen nicht geraucht werden – dann brauchen Sie welche auf dem Balkon! Sorgen Sie auch für **Sitzmöglichkeiten** in der Küche – vielleicht ein paar Klappstühle –, denn eigenartigerweise ist und bleibt die **Küche** der Lieblingstreff für Grüppchen.

Zunächst überlegen Sie, wer eingelanden werden soll. Partys brauchen Fülle, also mindestens **8–10 Personen**. Stellen Sie eine gute Mischung zusammen und laden Sie ruhig auch ein paar „neue Gesichter" ein. Das kann die Party interessant machen.

Die **Einladungen** sollten 2–3 Wochen vor der Party verschickt werden. Bitten Sie um **Antwort**, kurz: u.A.w.g. Bei neuer Anschrift oder bei Gästen, die das erste Mal zu Ihnen kommen, legen Sie einen **Ortsplan** bei. Geben Sie auch immer Ihre **Telefonnummer** an. Bei Spontan-Partys kann man telefonisch einladen. Wichtig ist, dass Sie zeitig wissen, wer kommt oder nicht, damit Sie noch umdisponieren können. Wenn Sie zu einer **„Surprise-Party"** einladen, soll jeder der Gäste etwas zum Büfett beitragen. Damit die Überraschung nicht allzu überraschend wird, stimmen Sie vorher mit den Gästen ab, wer was macht. Sonst haben Sie fünf Nudelsalate und nicht ein einziges Brötchen auf dem Büfett! Bei der **„Bottle-Party"**, zu der die Gäste die Getränke mitbringen, ist es ebenso. Achten Sie darauf, dass jeder Gast einen Sitzplatz haben muss. Hier kann improvisiert werden.

Beim Essen kommt es auf die geschmackliche und optische Zusammensetzung an. Was auch immer das Hauptgericht ist, ob gegrillt wird oder ein Nudelessen angesagt ist: Es sollte etwas zum Knabbern, etwas Fruchtiges und Süßes nicht fehlen. Weintrauben, Radieschen, Gemüse-Dips, ein kleiner Nachtisch und verschiedene Brotsorten kommen gut an. Es gibt einige Richtlinien, wie viel im **Durchschnitt verzehrt** wird. Für ein Büfett rechnet man beispielsweise pro Person:

2 Melonenschiffchen mit Schinken, je 200 g Aufschnitt und Käse, 1/2 Baguette, 8 Canapés, 250 g Salat, 150–200 g Fleisch, 50 g Sauce, 200 g Obstsalat oder Rote Grütze, 100 g Mousse au chocolat.

Was bietet man zum **Trinken** an? Zum „Anwärmen" kann es ein Aperitif sein – ein Sherry, ein Cocktail oder ein Glas Sekt. Mineralwasser und Orangensaft sollten Sie in jedem Fall anbieten. Je nachdem, was gegessen wird, sucht man die Getränke aus. Bier passt zu deftigen Speisen, ein Rosé zu leichten. Weißwein harmoniert zu hellem Fleisch und Fisch, Rotwein zu dunklem Fleisch. Käse verträgt sich mit Wein und Bier. Wenn Sie ein paar Flaschen zu viel gekauft haben, ist das nicht weiter tragisch, dann machen Sie sich nach der Party selbst noch ein paar gemütliche Abende. Sind aber zu wenig Getränke im Haus, kann das tödlich für eine Party sein. **Rechnen Sie minimum pro Person** mit 2 Flaschen Bier, 1/2 Liter Wein und 1/2 Liter Saft oder Mineralwasser. **Tipp:** Wahrscheinlich reicht Ihr Kühlschrank nicht aus, um alles kalt zu halten. Am Partytag legen Sie die Getränke in die Badewanne. Auf den Wannengrund legen Sie zuvor ein oder zwei Frotteehandtücher. Lassen Sie kaltes Wasser in die Wanne einlaufen, geben Sie reichlich Eiswürfel und eine Hand voll Salz hinein. Das Wasser bleibt so länger kalt.

Bemessen Sie weder die Getränke noch die Speisen zu knapp. Speisereste kann man einfrieren oder man veranstaltet am nächsten Tag ein fröhliches „Kater-Frühstück" gemeinsam mit aufräumwilligen Gästen.

Überprüfen Sie auch, ob einer der Gäste Antialkoholiker, schwanger, Diabetiker oder Vegetarier ist und seien Sie gewappnet. Berücksichtigen Sie auch, dass Ihre Gäste wieder nach Hause müssen. Klären Sie ab, wer fährt oder ob ein **Taxiservice** bestellt werden muss. Als **Ausklang** und als kleine Stärkung für den Heimweg ist eine scharfe Gulaschsuppe oder ein Kaffee oft willkommen.

Machen Sie eine Checkliste

Damit Sie nichts vergessen und die Party auch selbst genießen können, machen Sie sich am besten eine Checkliste, die Sie gut sichtbar aufhängen und alles abhaken, was erledigt ist.

Was auf die Checkliste gehört

*Sind genügend Kerzen, Servietten, Aschenbecher da? Reichen Gläser und Geschirr? Wer kann Fehlendes ausleihen?

*Müssen Stühle organisiert werden?

*Reicht der Tisch aus oder muss ein Büfett gebaut werden? Sind Beistelltische vorhanden?

*Sind genügend Tischdecken da?

*Was kann schon Tage vorher eingekauft werden? (Grundnahrungsmittel, Getränke, Kerzen, Servietten, Toilettenpapier)

*Was muss rechtzeitig vorher getan werden? (Bestellungen aufgeben, vorkochen, einfrieren, Nachbarn informieren, Tisch/Büfett richten mit Tellern, Besteck, Gläsern, Servietten, Schallplatten und Kassetten auswählen und die Stereoanlage testen)

*Was muss am Partytag besorgt werden? (z. B. Brot, Sahne, Früchte)
*Am Partytag Getränke kühl stellen.
*Rotwein auf Zimmertemperatur bringen (18 °C).
*Platz an der Garderobe schaffen.
*Gästetoilette oder Bad richten (Gästehandtücher, Seife, Eau de Cologne, Nadel und Faden, Sicherheitsnadeln, Kleenex, Tampons, Toilettenpapier überprüfen).
*Blumenvasen mit Wasser bereitstellen.

Der gedeckte Tisch

Ein schön gedeckter Tisch macht Appetit und gute Laune. Originell dekoriert zeigt er die Freude des Gastgebers über den Besuch. Das Tischdecken beginnt bei der Unterlage, auf der das Essen serviert wird. Das können eine Tischdecke oder ein Tuch in zum Motto des Abends passenden Farben, Lack- oder Alufolie oder Sets und vieles mehr sein. Der Kreativität sind da keine Grenzen gesetzt. Die Unterlage muss aber das Wichtigste erfüllen, nämlich die Tischplatte schützen. Wer einmal eine heiße Schüssel auf seinen blank polierten Holztisch – am Ende noch das Erbstück von Oma! – gestellt hat, der weiß, dass der Rand, der sich blitzschnell ins Holz gefressen hat, weder durch Putzkunst noch durch Beschwörungen verschwindet. Der Tisch muss aufgearbeitet werden und das kostet!

Bevor Sie mit der Dekoration beginnen, schauen Sie erst einmal, wie viel Platz für Geschirr, Gläser, Bestecke und Servietten gebraucht wird. Und nicht zu vergessen, welchen Platz Schüsseln und Platten in der Tischmitte einnehmen. Je nachdem, was gereicht wird, werden Platzteller, Essteller, Suppenteller oder Suppentasse für jeden Gast eingedeckt. Und zwar in der Reihenfolge, in der serviert wird.

Mit den Gläsern ist es genauso. Meist wird der **Aperitif** vor dem Essen nicht am Tisch genommen, sondern bevor man zu Tisch bittet. Zum **Gedeck** stellt man also nur die Gläser, die zum Essen direkt gehören. Werden mehrere Weinsorten angeboten, müssen entsprechend verschiedene Gläser auf den Tisch. Die **Gläser** werden rechts oberhalb des Tellers in der Reihenfolge der Getränke aufgestellt. Das Glas für den **Digestif** – Cognac, Likör oder Magenbitter – nach dem Essen bringen Sie erst mit dem Getränk an den Tisch.

Der **Brotteller** mit dem Brotmesser sowie die **Salatschalen** stehen auf der linken Seite des Tellers. Das **Dessert** servieren Sie später auf der rechten Seite. Die **Bestecke** werden immer von außen nach innen benutzt. Für jeden Gang sollte ein gesondertes Besteck bereitliegen.

Ein **großes Gedeck** für Vorspeise, Suppe, Fischgang, Fleischgang und Dessert sieht also so aus: Rechts liegen von außen nach innen Vorspeisenmesser, Löffel, Fischmesser, Menümesser. Links liegen von außen nach innen Vorspeisengabel, Fischgabel, Menügabel. Oben liegen der Dessertlöffel, Griff nach rechts, darunter die Dessertgabel mit dem Griff nach links. Sind frische Früchte zum Dessert vorgesehen, liegt anstelle des Dessertlöffels ein Obstmesser dort. Gabeln und Löffel werden mit der Wölbung nach unten gedeckt, wie man das Besteck auch benutzt. Die Schneide des Messers zeigt immer zum Teller.

Bei einem **kleinen Gedeck** für ein Essen mit Hauptgang und Nachspeise liegt die Gabel links vom Teller, das Messer rechts und der Dessertlöffel oben. Ist eine Suppe vorgesehen, liegt der Löffel rechts neben dem Messer. Die **Serviette** kann auf dem Platzteller, links neben dem Gedeck auf dem Tisch oder auf dem Brotteller liegen. Die Serviette kann aus Papier oder Stoff sein. Die halb oder ganz gefaltete Serviette gehört während des Essens auf den Schoß. Nach dem Essen wird die Serviette locker zusammengenommen und links neben dem Gedeck abgelegt.

Für die Tischdekoration gibt es unenendlich viele Möglichkeiten und Sie können Ihrer Fantasie freien Lauf lassen. Richtig ist immer eine Blumen- oder Kerzendekoration. Achten Sie bei **Blumenarrangements** darauf, dass sie flach sind. Sie wollen Ihr „Gegenüber" ja sehen und nicht dauernd um das Blumengesteck „herumlugen" müssen.

Kleine Weinkunde

Trösten Sie sich, Weinkenner, die mit geschlossenen Augen die genaue Lage und den Jahrgang eines Weines erkennen, gehören eher zu der Ausnahme. Aber was die Angaben auf dem Flaschenetikett bedeuten, das sollten Sie schon wissen.

Das Weinetikett

Das Etikett ist die Visitenkarte des Weines. Es verrät Herkunftsland und Jahrgang, auch über die Geschmacksrichtung und den Wert des Weines lässt sich Wissenswertes erkennen. Gütezeichen sind ein Hinweis für die zuverlässige Weinqualität, wobei Weine ohne Siegel nicht schlecht sind. Für deutsche Weine kennen wir das **Deutsche Weinsiegel** – ein gelbes für trockenen, ein grünes für halb trockenen und ein rotes Siegel für die übrigen Weine. Außerdem gibt es noch die **Verbandsgütezeichen** für badischen und fränkischen Wein.

Wo kauft man ein?

Vergleichen Sie die Preisunterschiede der Anbieter, bevor Sie sich zum Kauf einer Vorratsmenge entschließen. **Supermärkte** und **Warenhäuser** haben heute eine große Auswahl an Weinen aus verschiedenen Ländern und bieten auch Spitzenweine an. Leider hat man meist keine Probiermöglichkeit. Daher ist es ratsam, erst einmal eine Probeflasche zu kaufen, bevor Sie gleich richtig „zuschlagen". Wein beim **Versender** zu bestellen, ist eine ebenfalls gute Möglichkeit, preiswerte und gute Weine zu bekommen. Hier lohnen sich wegen der Porto- und Verpackungskosten Sammelbestellungen, die Sie z. B. gemeinsam mit Ihren Freunden tätigen. Gute Beratung und die Möglichkeit zum Probieren bieten **Weinhandlungen**. Am vergnüglichsten ist der Weinkauf mit fröhlichen Weinproben beim **Erzeuger** selbst, direkt auf dem Weingut oder bei Weinfesten.

Von der Rebe in die Flasche

Der Zuckergehalt der Trauben, der zu Beginn des Spätsommers gemessen wird, ist der Maßstab für die Reife und bestimmt das Mostgewicht, das in **Oechslegraden** ausgedrückt wird. Sofort nach der Weinlese werden die Trauben gepresst und der Most in Fässern oder Tanks gelagert, wo die Gärung beginnt. Zunächst entsteht der „Blitzer", daraus wird der „Federweißer", der so köstlich zu Zwiebelkuchen schmeckt und ausgesprochen „verdauungsfördernd" wirkt. Nach einigen Wochen ist der Gärungsprozess beendet. Der junge Wein wird in ein sauberes Fass gepumpt und entwickelt sich über den Winter weiter. Zur Säuberung und Klärung wird er durch eine Filteranlage gepumpt und danach zum Lagern und Reifen in Flaschen gefüllt.

Wein lagern

Da Sie mit Sicherheit in Ihrem Mietshaus keinen Weinkeller zur Lagerung Ihres Vorrats vorfinden – er sollte eine Luftfeuchtigkeit von 70% haben, gleichbleibend kühl (10 °C) und frei von Fremdgerüchen sein – lagern Sie den Wein eben in der Wohnung. Und das geht auch problemlos für einige Monate. Ein kühles Plätzchen sollten Sie haben und ein Weinregal. Denn Weinflaschen müssen liegen, damit der Korken immer vom Wein umspült wird und nicht austrocknet.

Faustregeln für den Weingenuss

Die Trinktemperatur ist sehr wichtig. Zu kühl getrunkene Weine können ihren Geschmack nicht voll entfalten. Zu warm getrunken, verliert der Wein seine Frische. Einfache Weißweine, Weißherbst und Rosé sollten eine Temperatur von 8–11 °C, Spätlesen und Auslesen von 10–14 °C haben. Rotweine können Temperaturen von 14–18 °C haben. Vermeiden Sie unbedingt gewaltsame Temperaturschwankungen. Kommen Sie nicht auf die Idee, Ihren Weißwein mal schnell ins Tiefkühlfach zu geben, weil er zu warm ist, oder Ihren Rotwein auf die Heizung zu stellen, weil er zu kalt ist. Stellen Sie Ihren Weißwein 2–3 Stunden vor dem Servieren in den Kühlschrank oder den Rotwein am Vortag in einen kühlen Raum.

Öffnen Sie die Weinflasche möglichst behutsam. Entfernen Sie die Kapsel so weit, dass der Wein beim Ausschenken mit ihr nicht in Berührung kommt. Nehmen Sie einen Korkenzieher mit großen Windungen. Zerbröselt der Korken trotz aller Vorsicht doch einmal, gießen Sie den Wein durch ein feines Sieb oder einen Trichter mit Filterpapier in eine Karaffe. Kosten Sie den Wein, ob ihm der Korken geschadet hat.

Wird Wein beim Kochen bereits verwendet, so passt er auch bei Tisch. Der Wein soll den Geschmack der Speisen hervorheben. Zu einfachen Gerichten reicht man einen Tisch- oder Landwein. Feine Speisen verlangen nach feinen Weinen. Servieren Sie immer **zuerst jüngere Weine**, danach die älteren, gehaltvolleren. **Trockene** Weine werden **vor** den **lieblichen** Weinen gereicht. Weine werden in aufsteigender Qualitätsreihenfolge auf den Tisch gebracht. So ist es auch mit der Temperatur der Weine. **Zuerst** kommen **die kühlen Weine**, danach die wärmeren. Spitzengewächse und Auslesen reicht man eigentlich nicht zum Essen. Sie sollten besinnlichen Stunden im Freundeskreis vorbehalten sein, der einen guten Tropfen zu schätzen weiß und in Ruhe genießen kann.

Die Prädikate

Kabinett: Ein eleganter, leichter, ausgereifter Wein mit einem fruchtigen Charakter, der normal im Oktober gelesen wird.

Spätlese: Ein Wein, der sich durch besondere Eleganz und Reife auszeichnet. Er wird frühestens eine Woche nach Beginn der Normallese in vollreifem Zustand geerntet.

Auslese: Vollreife Trauben werden aus dem Lesegut aussortiert und getrennt gekeltert. Der Wein hat eine gehaltvolle Reife und wird zu besonderen Gelegenheiten kredenzt. Je nach Jahrgang eignet er sich für lange Lagerzeiten.

Beerenauslese: Aus den vollreifen Trauben werden die edelfaulen und überreifen Beeren aussortiert und getrennt gekeltert. Beerenauslesen sind süß, sehr fruchtig und haben ein besonderes Aroma. Die Farbe des Weines ist Bernstein.

Trockenbeerenauslese: Dieser Wein ist in Aussehen und Geschmack noch eine Steigerung der Beerenauslese. Er wird aus rosinenartig eingeschrumpften, edelfaulen Beeren gemacht und ist eine Kostbarkeit.

Eiswein: Bei der Lese der vollreifen Trauben muss im Weinberg eine Temperatur von mindestens -7 °C herrschen. Das nicht gefrorene, stark zuckerhaltige Konzentrat wird dann ausgepresst und gekeltert.

Kleiner Benimm-Leitfaden für eine wichtige Einladung

Sie haben eine Einladung zum Essen bekommen? Zu Hause bei den Schwiegereltern in spe oder beim Chef? Sie sind unsicher, ob Sie sich auf dem fremden Parkett sicher bewegen? Keine Sorge, das kriegen Sie hin! Bevor Sie sich nachstehend mit ein paar Anstandsregeln vertraut machen, sei Ihnen gesagt: Benehmen Sie sich vollkommen natürlich und normal. Wenn Sie beispielsweise eher ein ruhiger Typ sind, dann sind Sie das eben. Fangen Sie bloß nicht an, den quirligen Alleinunterhalter zu spielen. Das geht garantiert schief. Auf die Dauer lässt sich das sowieso nicht durchziehen. „Gesegnet seien jene, die nichts zu sagen haben und den Mund halten", sagte schon Oscar Wilde. Natürlich sollten Sie sich am Gespräch beteiligen, aber eben so, wie Sie es sonst auch tun.

Die Einladungskarte

Sie haben eine Einladung bekommen. Hier wird natürlich der Grund für die Einladung, Tag, Ort und Uhrzeit sowie oft die erwartete Bekleidung angegeben und meist gibt es noch Abkürzungen, deren Bedeutung man nicht unbedingt kennt.

Leger bedeutet, Jeans und Pulli sind erlaubt, ein dunkler Anzug ist „overdressed". **Sommerlich** heißt, ein Sommerkleid, eine leichte Hose mit Sommerhemd und Sakko sind okay, Bermudas oder Shorts sind unpassend. Unter **Straßenanzug** versteht man normale Anzüge und Kombinationen; Damen sind mit einem Kleid oder Kostüm gut angezogen. **Dunkler Anzug** heißt schwarzer, dunkelgrauer oder dunkelblauer Anzug für den Herrn. Die Dame kann im „kleinen Schwarzen" nichts falsch machen. **Festlich** bedeutet bei einer Tagesveranstaltung Stresemann oder Cut und bei einer Abendveranstaltung Smoking, Dinnerjacket oder Spencer. Damen sind tagsüber mit einem kurzen Cocktailkleid gut beraten und können abends auch in lang gehen.

Großer Gesellschaftsanzug heißt Frack mit weißer Fliege, für Damen Abendkleidung. **Cravate noire/black tie** bedeutet Smoking oder Dinnerjacket – bei den Damen Cocktail- oder Abendkleid; **cravate blanche/white tie** bedeutet für den Herrn Frack und für die Dame große Abendkleidung.

Bei den **Abkürzungen** auf den Einladungskarten handelt es sich um **c.t.** = cum tempore, das heißt: die angegebene Zeit plus 15 Minuten Zeitzugabe (akademisches Viertel); **s.t.** = sine tempore, ohne Zeitzugabe. Auf Ihr pünktliches Erscheinen wird großer Wert gelegt – kommen Sie ja nicht zu spät! **U.A.w.g.** bedeutet, dass um Antwort gebeten wird und **r.s.v.p.** genau dasselbe, nur auf französisch und vornehmer (répondez s'il vous plaît).

Blumen für den Gastgeber

Sie haben die Einladung beantwortet, sich am Tag X sorgfältig zurecht gemacht, die Nägel poliert, sich dem Anlass entsprechend „in Schale geworfen" und stehen pünktlich vor der Haustür des Gastgebers. Bei uns ist es üblich, dem Gastgeber eine kleine **Aufmerksamkeit** mitzubringen. Im Allgemeinen überreicht man es **der Dame des Hauses**, da sie die meiste Arbeit mit der Einladung hatte. Aber auch der einladende Junggeselle hat ein Anrecht auf ein Gastgeschenk. Mit Blumen, Konfekt, Wein oder Spirituosen liegt man immer richtig. Kennt man den Gastgeber besser, kann es sich durchaus um ein persönlicheres Geschenk handeln, wie z. B. ein Buch oder eine CD. Beachten Sie bei Blumen die „Blumensprache". Schenken Sie der Dame – oder dem Herrn – keine langstieligen, roten Rosen. Das kann missverstanden werden, es sei denn, Sie wollen Ihre intime Zuneigung sehr deutlich machen! Es müssen nicht unbedingt Schnittblumen sein, eine Pflanze im Topf kann es auch sein. Wie auch immer, die **Blumen** werden vor der Tür **ausgepackt** und dann erst überreicht. Das Papier geben Sie dem Gastgeber zur Entsorgung. Eventuell vorhandene Stecknadeln entfernen Sie vorher oder machen deutlich darauf aufmerksam. Manche Blumengeschäfte wickeln die

Sträuße in Klarsichtfolie und verzieren sie noch mit Bändern. In diesem Fall überreichen Sie die Blumen mit der Folie. Wenn Sie als Paar eingeladen sind, überreicht der Herr das Geschenk. Macht nicht die Gastgeberin die Tür auf, sondern der Gastgeber, überreichen Sie ihm die Blumen mit der Bemerkung, für wen sie gedacht sind.

Die Begrüßung

In der Regel gibt man sich kurz die **Hand**. Dabei gehören die Hände aus den Hosentaschen. Die sogenannte **Akkulade**, das „Küsschen-Küsschen", sieht man heute wieder häufiger zwischen zwei Frauen oder Mann und Frau. Dabei wird sich nicht umarmt und auch nicht geküsst, sondern höchstens die Wange mit der Wange berührt und ein „Bussi" in die Luft geküsst. Mit gutem Grund: Wer will schon die Wangen mit Lippenstift verschmiert bekommen? Diese Begrüßungsform sollte nur dann angewendet werden, wenn man sich gut kennt. Sicher kommen Sie nicht auf die Idee, die Frau Ihres Chefs, die Sie noch nie gesehen haben, auf diese schon etwas intimere

Weise zu begrüßen! Hier und da sieht man Herren, die eine Dame mit einem **Handkuss** begrüßen. Eherne Regel dabei ist, dass die Lippen dabei niemals die Hand berühren dürfen; der Handkuss wird etwa zwei Zentimeter über der Hand in die Luft gehaucht. Handküsse werden aber von vielen Frauen als ziemlich affig empfunden. Lassen Sie lieber die Finger davon!

Die Vorstellung

Der Gastgeber ist verpflichtet, Gäste, die sich nicht kennen, miteinander bekannt zu machen. Die Grundregel beim Vorstellen heißt: **Der Rangniedere** wird zunächst **dem Ranghöheren** vorgestellt, **der Jüngere** zunächst **dem Älteren**, **der Herr** zuerst **der Dame**. Dabei werden die Namen deutlich ausgesprochen. Günstig ist es, wenn man noch eine kurze, erklärende Bemerkung zur Person hinzufügt. Ein Beispiel: „Herr Dr. Asbeck, darf ich Ihnen Herrn Jockel vorstellen, den wir letztes Jahr im Urlaub kennen gelernt haben? Herr Dr. Asbeck ist unser Zahnarzt." Die einander Vorgestellten können, müssen sich aber nicht die Hände reichen. Es kommt ganz auf die Situation an. Es genügt ein freundliches Kopfnicken und Lächeln. Findet die Begrüßung zwischen bereits sitzenden und neu hinzugekommenen Gästen statt, steht der Herr auf, ganz gleich, ob ein anderer Herr, eine Dame oder ein Paar hinzugekommen ist. Sitzen bleiben dürfen Damen und betagte Herren. Von jungen Mädchen oder sehr jungen Frauen wird erwartet, dass sie aufstehen, wenn eine deutlich ältere Dame hinzukommt. Was **erwidert** man auf die Vorstellung? „Angenehm" oder „Sehr erfreut" geht natürlich, besser ist eine normale Grußformel mit dem angehängten Namen, wie z. B. „Guten Abend, Herr Dr. Asbeck".

Wenn der Gastgeber im Moment verhindert ist, kann man sich natürlich auch **selbst vorstellen**. Man kann das mit einer Formel verbinden. „Darf ich mich bekannt machen? Gerd Jockel", ist absolut korrekt. Bei einem Ehepaar übernimmt einer von beiden die Vorstellung und fügt dann hinzu: „Und das ist mein Mann/meine Frau." Die Bezeichnungen Gattin, Gatte, Gemahl und Gemahlin werden in diesem Zusammenhang nicht mehr gebraucht, allerhöchstens scherzhaft. Erkundigt man sich nach dem Befinden eines nicht Anwesenden, kann man aber durchaus fragen: „Wie geht es Ihrer Gattin?" oder „Was macht Ihre Frau Gemahlin?" oder „Wie geht es Ihrer Frau Mutter/Ihrem Herrn Vater?"
Bei einem unverheirateten Paar bleibt es den bei-

den überlassen, ob sie ihre Beziehung zu erkennen geben wollen, oder sich jeder mit seinem eigenen Namen vorstellt.

Anrede und Titel

Ein Herr wird natürlich mit „Herr" angespochen und eine Dame mit „Frau". Wenn sie mit „Fräulein" angesprochen werden will, hat sie von sich aus darum zu bitten. Träger akademischer Titel kann man mit ihrem Doktortitel ansprechen, muss es aber nicht. Anders ist es bei ererbten Adelsprädikaten. Auf die Anrede „Hoheit" oder „Durchlaucht" darf man getrost verzichten, aber es heißt „Gräfin Bernadotte" oder „Prinz Wilhelm", ohne Frau oder Herr. Also nicht „Frau Gräfin" oder „Herr Prinz".

Das richtige Allgemeinverhalten

Achten Sie auf eine gute **Körperhaltung**, stehen Sie nicht schlaff herum und lümmeln Sie sich nicht breitbeinig auf dem Sofa, lassen Sie Ihre Schuhsohlen da, wo sie hingehören, nämlich auf dem Fußboden. Als Dame sitzen Sie ohnehin mit geschlossenen Knien! Ob Sie die Beine übereinander schlagen oder nicht, bleibt Ihnen überlassen. Wenn Sie nicht wissen, wohin mit den **Händen**, können Sie eine Hand leicht in die Rock-, Kleid- oder Hosentasche stecken. In den Jacketttaschen haben Hände nichts verloren. Als Frau hat man meist auch noch eine Handtasche, an der man sich festhalten kann. Herren sollten vermeiden, die Hände ständig auf dem Rücken zu halten oder sie gekreuzt schützend vor die „edlen" Teile zu legen.

In Gesellschaft **gähnt** man nicht. Kann man es nicht unterdrücken, hält man sich die Hand vor den Mund. Genau wie beim **Husten** oder **Niesen**. Ein Taschentuch ist hier aber besser! Bekommt man regelrechte Husten- oder Niesanfälle, entfernt man sich von der Gesellschaft. Auch zum Naseputzen. Können Sie sich nicht entfernen, drehen Sie den anderen Gästen beim Naseputzen den Rücken zu. Natürlich fummeln Sie sich auch nicht dauernd im Gesicht oder in den Haaren herum, kratzen sich nicht, kauen nicht an den

Fingernägeln, knatschen keinen Kaugummi, bohren sich nicht mit dem Zahnstocher im Mund herum und, und, und...

Vom blauen Dunst

Wenn Sie Raucher sind, orientieren Sie sich, ob Aschenbecher im Raum aufgestellt sind. Sind keine zu sehen, darf nicht geraucht werden. Im Zweifelsfall fragen Sie den **Gastgeber**. Auf einer Gesellschaft, bei der geraucht werden darf, fragen Sie Ihre **Tischnachbarn**, ob sie der Rauch stört, bevor Sie die Zigarette anzünden. Stört er, lassen Sie es. Rauchen Sie nicht, wenn auf einer Stehparty beispielsweise Ihr Gegenüber gerade damit beschäftigt ist, die Häppchen vom Büffet zu verspeisen. Rauchen Sie grundsätzlich nicht, während andere noch essen. **Kippen** gehören weder auf den Fußboden, noch in die Toilette, noch auf Teller oder in Blumentöpfe. Hierfür steht ausschließlich der Aschenbecher zur Verfügung. Da wiederum hinein gehören weder zerknüllte Tempotaschentücher, noch Papierreste oder gar Kerne, Zahnstocher oder Plastikspieße.

Feuer geben kann heute jeder jedem. Es ist ganz normal, wenn eine Dame einem Herrn Feuer gibt oder sich selbst die Zigarette ansteckt. Natürlich ist es eine schöne Geste, wenn der Herr der Dame das Feuer reicht. Bei einem Feuerzeug sollte in jedem Fall die Flamme richtig eingestellt sein. Es gibt wohl niemanden, der sich freut, wenn ihm die Wimpern oder die halbe Haarpracht versengt werden. Das Feuer sollte auch so gereicht werden, dass sich der Raucher nur leicht zu neigen braucht, also weder zu hoch noch zu niedrig.

Das Gästebuch

Der Eintrag ins Gästebuch ist für viele Gäste ein wahrer Alptraum. Eigenartigerweise scheinen das Gastgeber nicht bemerken zu wollen, obwohl ihnen doch sonst das Wohl der Gäste am Herzen liegt! Es ist nicht falsch, sich schlicht mit einem Dank für die gelungene Gesellschaft einzutragen. Datum und Unterschrift gehören dazu. Wenn Sie nicht zu den begnadeten Dichtern gehören oder einen guten Spruch parat haben, ist das sicherlich die bessere Lösung, als sich mit irgendeinem fantasielosem Blödsinn zu verewigen. Wenn Sie vorher wissen, dass ein Gästebuch ausgelegt wird, können Sie sich natürlich zu Hause vorbereiten und sich z. B. etwas Passendes aus der Literatur aussuchen.

Die Verabschiedung

Jeder Gastgeber freut sich, wenn es seinen Gästen gut gefällt. Es gibt aber auch Gäste, denen gefällt es besser, als es dem Gastgeber lieb ist. Solchen Leuten fällt es nicht einmal auf, wenn beispielsweise die Ehefrau schon ins Bett verschwunden ist und der Hausherr nur noch mühsam die Augen aufhalten kann. Zu diesem Gasttyp sollten Sie nicht gehören, denn Sie werden ganz sicher nicht wieder eingeladen. Bei einer Nachmittagseinladung verabschiedet man sich um 18.00 Uhr, spätestens um 18.30 Uhr. Ist man zum Abendessen eingeladen, geht man natürlich nicht sofort nach dem Essen. Um 23.00 Uhr sollten Sie sich aber spätestens verabschieden, es sei denn, Sie werden ausdrücklich gebeten, noch zu bleiben und Sie möchten das auch.

Sie verabschieden sich beim **Gastgeber** und bedanken sich für die Einladung. Je nach Größe der Veranstaltung verabschieden Sie sich bei den **anderen Gästen** mit Handschlag oder mit einem Lächeln – die Herren mit einer Verbeugung in die Runde. Wenn Sie deutlich früher als die anderen

Gäste aufbrechen müssen, gehen Sie ohne großes Aufsehen. Vom Gastgeber verabschieden Sie sich dezent. Am **nächsten Tag** bedankt man sich noch einmal schriftlich für die Einladung. Das gilt für eine Einladung zum Essen oder größere Einladungen. Sich für die Einladung zum Kaffeekränzchen schriftlich zu bedanken, ist eher etwas lächerlich. Da genügt ein freundlicher Telefonanruf.

Ein paar kleine Sprachregeln

Mit den Worten „**Bitte**" und „**Danke**" muss man nicht geizen. Lieber einmal zu viel Danke gesagt, als einmal zu wenig. Wenn Sie etwas akkustisch **nicht verstanden** haben, sind „Wie?", „Hä?", „Was?" sehr unhöfliche Formen, das Nichtverstehen zum Ausdruck zu bringen. „Wie bitte?" ist die kürzeste der höflichen Redewendungen. Besser ist, genau zu sagen, was man nicht verstanden hat, z. B. „Entschuldigung, ich habe Ihre letzten Worte nicht verstanden." Mundart oder **Dialekt** sind durchaus pflegens- und erhaltenswert, in Gesellschaft sollten Sie sich hochdeutsch ausdrücken, damit Sie verstanden werden. Sprechen

Sie **deutlich**, nuscheln Sie nicht in Ihren „Bart". Wenn Sie glauben, durch ein besonders **lautes Organ** – ob beim Sprechen oder Lachen – zeigen zu müssen, was für ein unterhaltsames Kerlchen Sie sind, liegen Sie falsch. Das heißt aber nicht, dass Sie leise sprechen oder verschämt in sich hineinkichern sollen. Benutzen Sie möglichst wenig **Fremdwörter** und wenn, dann nur solche, deren Bedeutung Sie kennen. Auch wenn Sie in der Uni, Disco oder sonstwo an das kollektive „**Du**" gewöhnt sein sollten, in einer Gesellschaft hat diese vertrauliche Anrede fremder Personen nichts verloren. Laut „**Guten Appetit**" zu wünschen, wenn das Essen auf den Tisch kommt, ist bei einer großen Gesellschaft in der großen Runde nicht angebracht. Ihren direkten Tischnachbarn können Sie mit einem freundlichen Kopfnicken natürlich einen guten Appetit wünschen. Das Wort „**Mahlzeit**" verbannen Sie möglichst schnell aus Ihrem Wortschatz. In der Regel erhebt der Gastgeber das Glas und trinkt seinen Gästen mit einem „**Zum Wohl**" oder „**Prosit**" zu. Sie erheben das Glas, nicken freundlich lächelnd in Richtung Gastgeber, können ebenfalls „Zum Wohl" sagen und trinken.

Stilvoll tafeln

Wenn Sie bereits am Esstisch Platz genommen haben und auf das Essen warten, dürfen Sie die **Hände** bis zu den Gelenken oder zur Hälfte der Unterarme neben dem schon aufgelegten Gedeck auf den Tisch stützen. Keinesfalls harren Sie lässig zurückgelehnt der Dinge, die da kommen. Die Hände gehören auch nicht auf den Schoß und die Ellenbogen stützt man schon gar nicht auf. Am Schlimmsten ist, das Besteck bereits aufzunehmen und in den Händen – am Ende noch senkrecht aufgestellt – zu halten. Die **Serviette** kommt auf den Schoß, wenn die Speisen gereicht werden. Manchmal wird ein Schälchen mit warmem Wasser und einer darin schwimmenden Zitronenscheibe vor Sie hingestellt. Das ist nicht zum Trinken gedacht, sondern eine **Fingerbowle**. Das bedeutet, dass die folgende Speise mit den Fingern gegessen werden darf. Die Finger werden vor und nach der Speise in das

Wasser getaucht, mit Zitrone abgerieben und an der Serviette abgetrocknet.

Wie isst man was?

So, jetzt wird das Essen serviert und Sie wissen nicht, wie Sie die eine oder andere Speise korrekt zu sich nehmen? Machen Sie sich schlau!

Aal wird nicht mit dem Fischbesteck, sondern mit dem normalen Besteck verspeist. Kommt er nicht entgrätet, gleitet man mit dem Messer entlang der Mittelgräte und löst sie heraus. Ist der Aal nicht gehäutet, löst man die Haut beidseitig mit dem Messer und zieht sie von der Schnittstelle zur Mitte hin ab.

Ananas werden meist in Ringe oder in Fächer geschnitten serviert. Muss man sie selbst zerteilen, schneidet man zuerst den Boden gerade und entfernt einen dünnen Deckel mitsamt dem Kraut. Die Frucht wird geschält, in Scheiben geschnitten und der harte Innenkern wird herausgeschnitzt oder gestochen.

Artischocken isst man mit den Fingern. Die Knolle wird in der linken Hand gehalten, mit der rechten werden die Blätter einzeln abgezupft. Das untere, fleischige Ende wird in die Sauce getunkt und geräuschlos ausgelutscht. Der harte Rest kommt auf den Abfallteller. Die Finger werden gereinigt, dann wird mit dem Vorspeisenbesteck das Heu vom Artischockenboden entfernt, der Boden bis auf den Strunk zerlegt und gegessen.

Austern werden geschlürft, aber ohne Schmatzen. Die Schale der Auster wird mit der linken Hand genommen, nach Geschmack wird etwas Pfeffer und Zitronensaft darüber gegeben. Ist die Auster taufrisch, zuckt sie leicht. Lösen Sie das Fleisch mit der Austerngabel vom so genannten Bart. Schlürfen Sie die Muschel mit dem verbliebenen Austernwasser direkt aus der Schale.

Baguette kommt in Deutschland meist geschnitten auf den Tisch, was eigentlich falsch ist, denn es gehört gebrochen. Daher bricht man das bereits geteilte Brot in mundgerechte Stücke, bestreicht diese nach Geschmack mit Butter und führt sie mit der Hand zum Mund.

Chips werden Stück für Stück von der Hand in den Mund geknabbert. Damit eine Hand sauber bleibt, kann man die Chips mit einem Löffel auf ein Extratellerchen geben.

Cocktails und Drinks sind oft mit Früchten am Rand dekoriert. Man darf eigentlich nur die Cocktailkirsche und die Olive im Martini verspeisen, die man zuvor geschickt herausgefischt hat. Einzelne Orangenscheiben bleiben am Glasrand. Aufgespießte Früchte kann man mit dem Mund abziehen. Schalen und Spieße landen nach dem Austrinken wieder im Glas, nicht daneben.

Forellen – ob „blau" oder „Müllerin Art" – kommen unzerteilt auf den Teller. Zunächst werden die Bäckchen unterhalb der Augen mit der Messerspitze herausgefischt. Sie sind eine Delikatesse. Dann die Rücken-, Bauch- und Schwanzflossen abziehen und auf den Abfallteller geben.

Den Rückenkamm vom Kopf bis zum Rückgrat einritzen. Die Haut wird mit Gabel und Messer abgezogen, indem sie über das Messer gerollt wird. Setzen Sie das Messer bei den Kiemen an, lassen Sie es zwischen Gräten und Fleisch gleiten und lösen Sie das oben liegende Filet ab. Die Gräte am Schwanzende mit der Gabel hochheben und mitsamt dem Kopf herausheben. Das untere Filet umdrehen und ebenfalls enthäuten. Die krosse Haut der gebratenen Forelle wird mitgegessen.

Geflügel wird grundsätzlich mit Messer und Gabel verspeist. Das Brustfleisch schneiden Sie quer in Scheiben und diese in mundgerechte Bissen. Bei Flügeln und Schenkeln wird das Fleisch abgeschnitten, soweit dies mühelos möglich ist. Der Schenkelknochen kann in die Hand genommen und abgeknabbert werden, sofern eine Fingerbowle bereit steht.

Die **Grapefruit** wird entweder halbiert und ausgelöffelt oder erst halbiert, dann mit einem gebogenen Fruchtmesser an der Schale entlang das Fruchtfleisch losschneiden, die Schnitze noch in der Schale von den Trennhäuten lösen und mit der Dessertgabel verspeisen.

Eine **Haxe** wird an der dünnsten Stelle mit dem Messer längs eingeschnitten. Das Fleisch löst man mit der Messerspitze an den Knochenenden und dem Knochen entlang behutsam ab. Der Knochen kommt auf den Tellerrand. Das abgelöste Fleisch schneidet man in Scheiben.

Wird ein ganzer **Hummer** serviert, bleibt man völlig cool und bindet sich die Serviette um den Hals. Jawohl, hier müssen Sie das sogar! Greifen Sie den Körper mit der linken Hand und drehen Sie mit der rechten den Schwanz ab. Der Körperpanzer ist Abfall. Den Schwanz schneiden Sie an der Unterseite der Länge nach ein und lösen das Fleisch heraus. Um die Scheren zu knacken, setzt man die Hummerzange in der Mitte an und bricht sie auf; das Fleisch wird mit der Gabel entnommen. Die Beine werden mit den Fingern im Gelenk ausgebrochen, am „Fuß" mit der Zange aufgeknipst, das Innere mit der Gabel herausgezogen.

Käse ist der krönende Abschluss eines Menüs, ganz nach dem Motto: „Käse schließt den Magen". Im Restaurant schneidet der Kellner die gewünschten Käsesorten für Sie ab und serviert sie auf einem Teller. Hartkäse schneidet man mit dem Messer und führt ihn mit der Gabel zum Mund. Edle Hartkäsesorten werden mit einem Spezialmesser in Stücke gebrochen, die man dann mit der Hand zum Mund führt. Käserinde schneidet man ab. Weichkäse gehört auf ein Stück Brot und wird nicht geschmiert.

Kaviar wird in der Originaldose auf gestoßenem Eis angeboten. Man schöpft eine Miniportion mit einem Löffelchen aus Perlmutt oder Horn aus der Dose auf den Teller und von dort aus in den Mund. Kaviar wird oft mit Sauerrahm und fein gehackten Schalotten oder mit fein gehacktem, hart gekochtem Ei serviert.

Bei festlichen **Koteletts** – z. B. bei einer Lamm-krone – tragen die Knochen Papiermanschetten und dürfen mit der Hand genommen und abge-nagt werden. Gibt es keine Manschetten, arbeitet man sich mit Messer und Gabel an den Knochen heran.

Zum **Kuchen** sollten Gabel und Löffel einge-deckt sein. Trockene Kuchen und Cremeschnit-ten werden mit der Gabel gegessen, bei Obsttor-ten kommt der Löffel zum Einsatz. Bei Blätterteigtorte nimmt man für härtere Teigwaren das Obst- oder Dessertmesser hinzu.

Maiskolben sind meist oben und unten mit Grif-fen aus Holz oder Metall versehen, sodass man sie mit beiden Händen nehmen und abknabbern kann. Zuvor wird etwas Butter und Salz auf den Maiskolben gegeben.

Mango wird auf die flachste Seite gelegt und mit dem Obstmesser oberhalb des Steines durchge-schnitten. Die Mango wird umgedreht und das

Fruchtfleisch wieder oberhalb des Steines abgeschnitten, sodass sich der Kern löst. Die Frucht
wird geschält und in Spalten geschnitten. Das
noch am Stein sitzende Fruchtfleisch entfernt
man mit dem Obstbesteck. Mangos sind sehr saftig, ihr gelber Fruchtsaft hinterlässt bleibende
Flecken.

Muscheln werden mit der Hand gegessen. Kommen sie in einer Suppenterrine auf den Tisch,
nehmen Sie sich eine Portion mit dem Löffel in
den Suppenteller. Mithilfe des Löffels greifen Sie
mit der linken Hand die Muschelschale und ziehen das Fleisch mit den Lippen oder Zähnen aus
der Schale. In sehr feinen Restaurants bedient
man sich hierfür einer Austern- oder Fischgabel.
Man kann auch eine leere Schale als Greifinstru-
ment benutzen, wobei man das Fleisch mit den
Muschelspitzen vom Bart in die Zange nimmt.

Pasteten mit Teigkruste und fester Füllung isst
man mit dem Vorspeisenbesteck. Eine Terrine
oder Pasteten ohne Kruste isst man nur mit der

Vorspeisengabel. Ebenso werden warme Pasteten mit Teigmantel und weicher Füllung – z. B. Königin-Pastetchen – nur mit der Gabel verspeist. Bei streichfähigen Pasteten streicht man mundgerechte Portionen mit dem Messer auf ein Stück Brot, das man mit der Hand zum Mund führt.

Pizza schneidet man wie Kuchen in acht Stücke. Die Dreiecke dürfen am Teigrand angefasst und mit der Hand gegessen werden. Abgebissen wird von der Spitze aus; den Teigrand darf man liegen lassen.

Quiche wird, wenn sie als Vorspeise serviert wird, mit dem Vorspeisenbesteck gegessen. Miniportionen zum Aperitif isst man mit der Hand.

Räucherlachs verspeist man nicht mit dem Fisch-, sondern mit dem Vorspeisenbesteck, das man auch für andere Räucherfische wie Aal, Forelle und Stör nimmt. Bei sehr weichem Fischfleisch nimmt man nur die Gabel und ersetzt das Messer durch ein Stück Brot.

Salat wie Kopfsalat und andere Blattsalate isst man nur mit der Gabel. Große Blätter werden nicht geschnitten, sondern mithilfe des Messers gefaltet. Das Messer wird zum Schneiden härterer Gemüsezutaten wie Tomaten, Paprika, Chicorée etc. benutzt.

Schnecken werden in einer kleinen Pfanne mit Spezialbesteck serviert. Man nimmt die Schneckenzange und fasst damit ein Schneckenhaus mit der Öffnung nach oben möglichst waagerecht, damit die Kräuterbutter nicht ausläuft. In der anderen Hand hält man die Schneckengabel, mit der man das Weichtier aus dem Gehäuse holt. Man führt es zum Mund und schlürft die Butter lautlos aus dem Häuschen oder legt die Schnecke auf dem Teller ab, beträufelt sie mit der Butter aus dem Häuschen und isst sie dann mit einem Löffel.

Bei **Spagetti** darf man die Serviette in den Ausschnitt oder Kragen stecken. In Deutschland ist es üblich, die Nudeln mit Gabel und Löffel zu verspeisen. Die Gabelspitze in der rechten Hand nimmt die Spagetti auf, hebt sie an und führt sie in den Löffel, worin sie gedreht werden, bis sich die Nudeln fest um die Gabel gewickelt haben, die man dann zum Mund führt.

Spareribs isst man in geschlossenen Räumen mit Messer und Gabel.

Spargelstangen dürfen mit dem Messer in mundgerechte Stücke geschnitten und mit der Gabel zum Mund geführt werden. Er kann auch mit der Hand gegessen werden. Hierbei fasst man eine Spargelstange mit der Hand am Ende an, tunkt die Spitze in die Sauce und hält mit der linken Hand die Gabel unter die Spargelstange, die nun zum Mund geführt wird. Erst wird der Kopf und der Rest Stück für Stück abgebissen. Holzige Enden legt man am Tellerrand ab. Gerichte mit bereits zerteiltem Spargel isst man mit Besteck.

Spieße fasst man mit der linken Hand am oberen Ende, wo sich oft auch der Ring des Spießes befindet. Das untere Ende wird locker auf den Teller aufgesetzt. Jetzt schiebt man mit der Gabel die einzelnen Stücke vorsichtig nacheinander auf den Teller. Dort isst man mit Messer und Gabel weiter. Die Spieße werden auf dem Tellerrand oder auf einem Extrateller abgelegt.

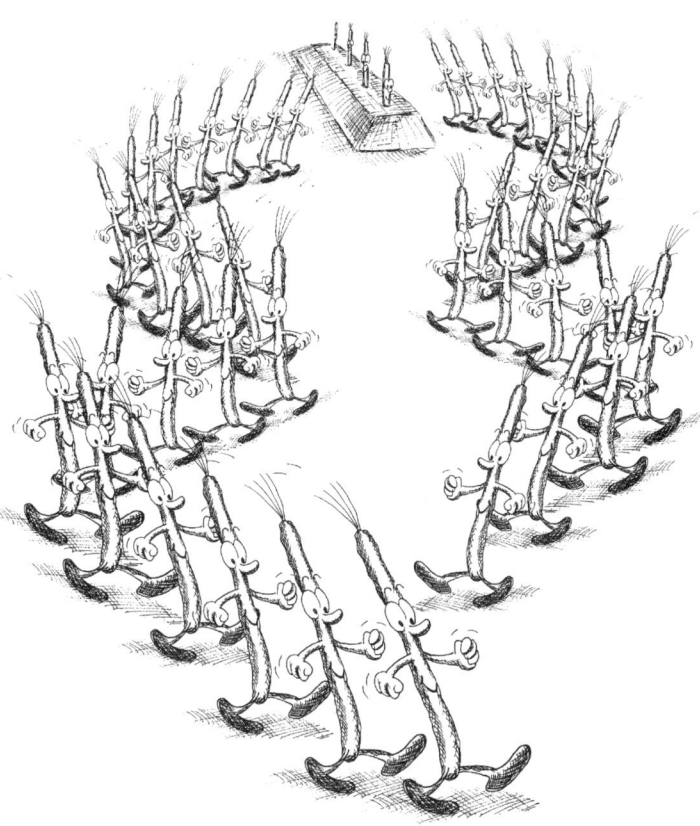

Mit **Stäbchen** essen ist nicht so schwer, wie es erscheint. Nehmen Sie ein Stäbchen in die Höhlung zwischen Daumen und Zeigefinger; das untere Ende liegt auf der Innenseite des Ringfingers. Das zweite Stäbchen klemmen Sie wie einen Kugelschreiber zwischen Zeige- und Mittelfinger und drücken es mit der Daumenspitze an. Durch das Auf- und Abbewegen des Zeige- und Mittelfingers wird das obere Stäbchen geführt.

Suppe und Brühe isst man mit dem Löffel, wobei nur die Löffelspitze zwischen die Lippen kommt, nicht die ganze Breitseite. Um den Rest auszulöffeln, kippt man den Teller von sich weg. Zu heiße Suppe wird nicht angepustet; man wartet, bis sie etwas abgekühlt ist.

Weißwurst wird der Länge nach halbiert, an einem Ende mit der Gabel festgehalten und die Wurst mit dem Messer aus der Pelle geschält.

Erste Hilfe und Hausapotheke

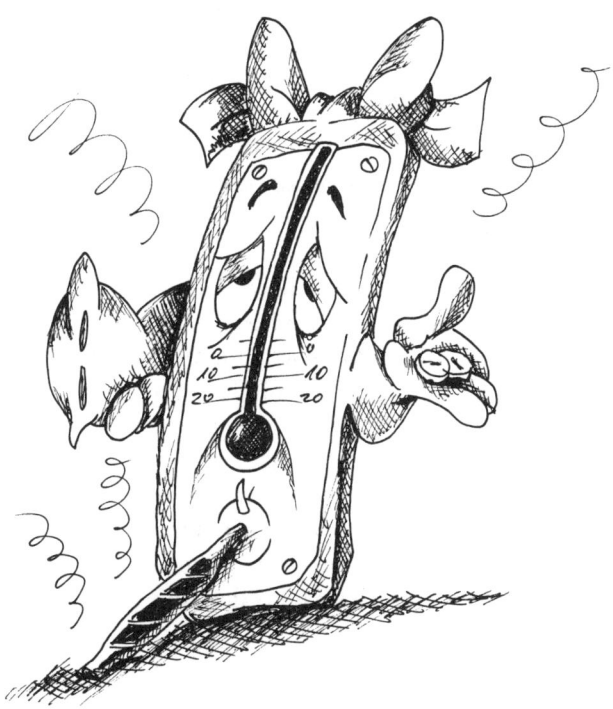

Mit ein bisschen Vorsicht zeigt man Umsicht! Manchmal passiert einem nur ein kleines Missgeschick, das nicht weiter tragisch ist. Oft aber wird ein Unfall mit Folgen durch Unachtsamkeit bei der Hausarbeit hervorgerufen, weil man die einfachsten Regeln nicht beachtet hat. Das muss nicht sein!

Wie man Gefahren aus dem Weg geht
Ganz gleich, ob Sie Ihre Fenster putzen, ein Regal aufstellen oder mit dem Staubsauger durch die Wohnung düsen – wenn Sie ein paar Dinge von vorne herein beachten, können Sie das Gefahrenrisiko möglichst gering halten. Für jede Arbeit gilt: Das Vorhaben erst einmal gut durchdenken, dann handeln!

Steigen Sie nie auf **wackelige Leitern** oder bauen Sie in Ermangelung einer Leiter irgendeine Konstruktion auf, die Sie besteigen wollen. Stühle und schon gar nicht Bürostühle mit Rollen sind ebenfalls kein Ersatz für eine Leiter! Öffnen oder reparieren Sie niemals **Elektrogeräte**, ohne den Stecker vorher zu ziehen. Fassen Sie elektrische Geräte nicht mit nassen Händen an. Kommen Sie um Gottes Willen nicht auf die Idee, sich in der Badewanne sitzend die Haare zu föhnen – das ist der sichere Tod! Hantieren Sie nicht mit defekten elektrischen Steckern und Kabeln. Bevor Sie Löcher in die Wand bohren, vergewissern Sie sich über den Verlauf von **Elektrokabeln** und **Wasserleitungen**. Ziehen Sie immer die richtige **Arbeitskleidung** an, treffen Sie je nach Arbeit **Schutzmaßnahmen** für Augen, Atemwege und Hände und benutzen Sie das richtige **Handwerkszeug**.

Erste Hilfe

Für den Notfall ist es sinnvoll, auf einer Kartei-
karte die wichtigsten **Telefonnummern** zu notieren und diese in Sichtweite des Telefons an die
Pinwand zu hängen. Eine Kopie der Karte gehört
neben das Telefon. Eine weitere hängen Sie in
Ihre Hausapotheke.

Zu den wichtigen Telefonnummern gehören die
von **Polizei** und **Feuerwehr**, vom **Rettungsdienst**,
von der nächst gelegenen **Giftzentrale**, von der
Krankenhaus-Notaufnahme, vom **Not-, Haus-**
und **Zahnarzt**, von der **Apotheke** und vom **Taxi-
dienst**. Überprüfen Sie die Telefonnummern von
Zeit zu Zeit, ob sie noch **aktuell** sind!

Besorgen Sie sich den **Notdienstkalender** der
Apotheken, den Sie dort kostenlos erhalten. Halten Sie Ihren **Impfpass** à jour, vermerken Sie
Blutgruppe, Rhesusfaktor, Kinderkrankheiten,
chronische Erkrankungen, Allergien und bestimmte Medikamente, die Sie ständig einnehmen.

Wenn es zu einem **Unfall** gekommen ist, gilt es,
ruhig und besonnen zu bleiben. Auch wenn die
Verletzungen so schwer sind, dass der Arzt geru-

fen werden muss, sollte man wissen, wie man sich selbst oder dem Verletzten in der Zwischenzeit, bis der Arzt eintrifft, helfen kann. Jeder Autofahrer hat an einem **Erste-Hilfe-Kursus** teilgenommen. Vor der Fahrprüfung und das ist mehr oder weniger lange her. Frischen Sie Ihre Kenntnisse von Zeit zu Zeit auf! Das **Deutsche Rote Kreuz** und andere Verbände führen solche Kurse regelmäßig durch.

Offene Wunden werden je nach Größe und Tiefe mit Pflaster oder einem Verband abgedeckt. Die Wunde darf nicht berührt, gewaschen oder mit Salben und Pudern behandelt werden, um Infektionen zu vermeiden. Nehmen Sie keimfreie Verbände oder Pflaster mit einer keimfreien Wundauflage. Bei offenen Wunden kann es zu Blutvergiftungen kommen. Tritt das Blut im Pulsrhythmus aus der Wunde aus, handelt es sich um eine **Arterienverletzung**. Der Arzt muss sofort gerufen werden! Zwischenzeitlich muss die Arterie oberhalb der Wunde zugedrückt oder abgebunden werden.

Kleinere **Brandwunden** hält man sofort unter kaltes Wasser und bedeckt sie dann mit einem keimfreien Tuch. Bei größeren Brandflächen muss sofort der Rettungsdienst gerufen werden. In der Zwischenzeit wird der Verletzte warm gehalten. Bei einem **Stromschlag** muss sofort die Sicherung ausgeschaltet werden und der Verletzte mit einem Holzbesenstiel von der Stromquelle weggeschoben werden. Fassen Sie nie einen Verunglückten an, solange der Stromkreis eingeschaltet ist. Rufen Sie unverzüglich den Rettungsdienst an und beginnen Sie mit der **Mund-zu-Mund-Beatmung**! Legen Sie hierbei den Kopf des Verletzten nach hinten und blasen Sie ihm im eigenen Atemrhythmus Luft in den Mund.

Bei **Erstickungsgefahr** durch einen Fremdkörper im Hals wendet man den „**Heimlich-Griff**" an – **Achtung:** Er ist nicht für Kleinkinder geeignet! Knien Sie sich neben den Erstickenden, ballen Sie eine Hand zur Faust, umklammern Sie diese mit der anderen Hand und drücken Sie in dieser Stellung beide Hände kurz und kräftig auf die Bauchdecke zwischen Nabel und Rippenbogen. Führen Sie den Druck nach oben aus. Dadurch wird der Fremdkörper aus dem Hals geschleudert – hoffentlich! Sicherheitshalber ruft man den Notdienst an und fragt, wie man sich verhalten soll.

Bei **Knochenbrüchen** sollten Sie nie versuchen, den Knochen in seine ursprüngliche Position zu rücken, das kann gefährliche Folgen haben. Stellen Sie den Arm oder das Bein durch eine provisorische Schienung ruhig und rufen Sie den Arzt.

Bei dem Verdacht auf eine **Vergiftung** rufen Sie sofort den Arzt oder die Giftzentrale an. Hier kann es um Minuten gehen! Doktern Sie nicht selbst mit irgendwelchen Hausmittelchen herum!

Die Hausapotheke

Für die rasche Hilfeleistung braucht man die geeigneten Hilfsmittel. Für den Autofahrer ist der Erste-Hilfe-Kasten Pflicht. Mit dem darin enthaltenen Sortiment hat man schon mal eine vernünftige Grundausrüstung. Bei einfachen Beschwerden helfen Schmerzmittel und Tees, die auch in die Hausapotheke gehören. Horten Sie nicht wahllos Verbandszeug und Medikamente, sondern treffen Sie eine sinnvolle Auswahl.

Die Hausapotheke sollte in einem **verschließbaren Schränkchen** oder Kasten untergebracht sein, der an einem **trockenen**, **kühlen**, gut zugänglichen Ort steht oder hängt und **für Kinder unerreichbar** ist. Von Zeit zu Zeit muss der Inhalt überprüft werden. Fehlendes wird ergänzt, alte Medikamente werden aussortiert, in der Apotheke entsorgt und durch neue ersetzt.

Was in die Hausapotheke gehört

Verbandsstoffe und Instrumente: sterile Verbandpäckchen, Mullbinden, Pflaster mit steriler Wundauflage, Heftpflaster, Brandwunden-Verbände, Elastikbinden, Dreiecktücher, Watte, Fieberthermometer, Wärmflasche oder Heizkissen, Wattestäbchen, Pinzette, Scheren, Sicherheitsnadeln, Verbandklammern, Augenklappe, Einmalhandschuhe. **Salben, Tabletten, Tropfen:** Augentropfen, Nasentropfen oder -spray, Hustensaft, Schmerztabletten, Mittel gegen Erkältung, Tabletten oder Zäpfchen gegen Fieber, Arnika für Kompressen, reiner Alkohol (70%), Mittel gegen Durchfall, Insektenspray oder -salbe, Rheumasalbe, Bepanthen-Salbe, Salbe gegen Zerrungen, Franzbranntwein. **Tees:** Baldriantee zur Beruhigung, Lindenblütentee bei Erkältungen, Kamillentee bei Magenbeschwerden, Pfefferminztee bei Magen- und Darmbeschwerden.

Das liebe Geld – Auskommen mit dem Einkommen

Die Ausgaben-Planung

In der Regel hat man eine bestimmte Summe im Monat zur Verfügung, mit der man seinen Lebensunterhalt bestreiten muss. Um herauszufinden, ob damit Extrakäufe, Urlaube und Hobbys finanzierbar sind, ohne das Girokonto zu überziehen, was eine teure Angelegenheit ist, erstellt man sich einen persönlichen Wirtschaftsplan für das ganze Jahr, der alle Fixkosten und schätzbaren variablen Kosten enthalten muss. Zu den **Fixkosten** gehören Miete, Strom oder Gas, Heizung, Rücklagen für die Wohnumlagen, TV- und Radiogebühren, Telefon, Putzhilfe, Benzin für das Auto sowie Versicherung, Steuer und Rücklagen für Reparaturen, andere Fahrtkosten, private Krankenversicherung und Zusatzversicherungen, Haftpflicht- und Unfallversicherung, vermögensbildende Maßnahmen wie Sparfonds etc., zusätzliche Rentenversicherung, Lebensversicherung, Abonnements, Vereinsbeiträge, Ratenzahlungen – eben alles, was regelmäßig bezahlt werden muss. Lassen Sie die monatlichen Fixkosten als **Dauerauftrag** vom Konto abbuchen, das erspart Ärger. Für größere

Beträge, die beispielsweise halbjährlich oder jährlich anfallen – wie z. B. KFZ-Steuer und -Versi-
cherung – bilden Sie Rücklagen auf einem **Sparbuch**. Das heißt, der anteilige Monatsbetrag wird
erfasst und auch monatlich aufs Sparbuch einge-
zahlt. Kommt dann die Rechnung, ist das Geld
vorhanden. Zu den **variablen Kosten** gehören die
möglichst realistisch eingeschätzten Ausgaben für
Verpflegung, Kleidung, Reinigung, Schuster, Kör-
per- und Schönheitspflege, Putzmittel, Freizeit und
Hobbys, Genussmittel, Geschenke und nicht
zuletzt sollte auch an etwas Taschengeld gedacht
werden, damit man sich nicht jede auswärtig
genossene Tasse Kaffee verkneifen muss.

Das Haushaltsbuch

Klappt's nicht so recht mit der Planung der Kosten, führt man am besten ein Haushaltsbuch. Das ist absolut nicht altmodisch, sondern sehr sinnvoll. Haushaltsbücher erhalten Sie im Buch- oder Schreibwarenhandel, manchmal auch im Supermarkt. Für Computerfreaks gibt es inzwischen auch spezielle Software. Alle Ausgaben werden eingetragen, denn nur so erhält man einen Überblick. Sie sehen auch, wo Sie sparen könnten. Bestehen Sie beim Einkaufen auf dem Kassenbon. Gewöhnen Sie es sich einfach an, jeden Abend die täglichen Ausgaben einzutragen. Ist keine Zeit, legen Sie die Kassenbons in das Buch. Verschieben Sie den Nachtrag nicht zu lange, sonst belastet er Sie zu sehr – er artet dann in echte Arbeit aus.

Die Bank – der Freund und Helfer?

Vertrauen Sie Ihr sauer verdientes Geld nicht gleich der erstbesten Bank an. Vergleichen Sie beim Einrichten Ihres Girokontos, was es Sie an **Gebühren** kostet. Fragen Sie nach, ob Guthaben verzinst werden. Testen Sie den **Service**. Wenn Sie zur Bank gehen, sollten Sie **Stoßzeiten** vermeiden. Das gilt besonders dann, wenn Sie Fragen klären müssen oder komplizierte Überweisungen haben. Am Monatsanfang, zur Monatsmitte, zum Monatsende, Montags, Freitags und in den Büro-Mittagspausen herrscht meist großer Andrang; das kostet Zeit. Besorgen Sie sich einen Vorrat an Formularen und füllen Sie diese bis auf die Unterschrift schon zu Hause aus, das wiederum spart Zeit.

Geldautomaten sind eine wunderbare Sache. Bedenken Sie aber, dass Sie eine recht hohe Benutzergebühr bezahlen, wenn Sie sich Geld von einem Automaten abholen, der zu einer anderen Bank gehört. Ein Beispiel: Ihr Konto ist bei der Deutschen Bank, Sie wollen Geld von einem Geldautomaten einer Volksbank oder Sparkasse abheben –

das kostet! Laufen Sie lieber ein paar Meter weiter und suchen Sie nach einer Zweigstelle Ihrer Bank mit Geldautomat.

Wenn Sie **Schecks** haben – z. B. Verrechnungsschecks – bewahren Sie diese sowie Ihre **Scheckkarte** immer getrennt auf. Notieren Sie die **Geheimzahl** nicht auf den Karten und am besten überhaupt nirgendwo. Lernen Sie sie auswendig. Vermissen Sie Schecks und/oder Karte, müssen Sie diese sofort **sperren** lassen. Rufen Sie die Service-Nr. der Banken und Sparkassen an, das Telefon ist rund um die Uhr besetzt (01805-021021, je angefangene 30 sec. 0,062 Euro). Verständigen Sie auch Ihre Bank, bei der Sie das Konto haben. Fragen Sie Ihre Bank unbedingt, wie lange die Sperre gilt. Das ist bei den verschiedenen Banken unterschiedlich. Das ist insbesondere dann wichtig, wenn Sie das Opfer eines Diebstahls geworden sind. Den Diebstahl müssen Sie zusätzlich zur Kontensperrung umgehend bei der Polizei anzeigen.

Die **Schalterzeiten** bei den Banken – besonders in kleineren Ortschaften – zwingen einen schon fast zum **Homebanking**. Das ist zweifelsohne eine preiswerte und praktische Lösung Ihrer Bankaktivitäten, hat aber einen ganz gehörigen **Unsicherheitsfaktor** insofern, dass andere an Ihre Daten kommen könnten.

Kreditkarten werden immer beliebter. Sehr viele Geschäfte akzeptieren sie anstelle von Bargeld oder Scheck. Vergleichen Sie auch hier die Angebote. Die Jahresgebühren fallen sehr unterschiedlich aus. Bedenken Sie noch etwas: Die Kreditkarte verführt zu Spontankäufen, auch dann, wenn man sich diese nicht leisten kann! Handeln Sie im Geschäft! Bei Barzahlung statt mit Karte können Sie ein paar Prozent Preisnachlass herausschlagen. **Verlust oder Diebstahl** Ihrer Kreditkarte müssen Sie sofort bei Ihrem Kreditkartenunternehmen melden; die Karte wird dann sofort gesperrt. Notruf bei Verlust Visa Card Deutschland: 08008149100; Visa Card Ausland 0014105813836; Eurocard 06979331910; American Express 06997971000.

Wollen Sie einen **Kredit** aufnehmen oder Geld anlegen, lohnt sich auch hier der Vergleich. Erkundigen Sie sich bei verschiedenen Geldinstituten und machen Sie sich durch Fachzeitschriften schlau.

Wo man sparen kann

Sonderangebote sind nicht unbedingt immer preiswert und große Schilder zu Sonderverkaufsaktionen dienen in erster Linie dazu, Sie aufmerksam zu machen. Beobachten Sie die Preise der Waren über einen längeren Zeitraum und vergleichen Sie dann, ob es sich bei der Aktion um wirkliche Sonderangebote handelt. Kaufen Sie auf gar keinen Fall etwas, was zwar sensationell preiswert ist, aber was Sie überhaupt nicht brauchen. Achten Sie darauf, dass die Ware, die Sie kaufen, korrekt mit dem Preis ausgezeichnet ist. Nur der EAN-Code verrät Ihnen den Preis nicht. Prüfen Sie an der Kasse sofort den Kassenbon und zählen Sie Ihr Wechselgeld nach.

Ausverkäufe und Fabrikverkäufe

Ausverkäufe fangen immer früher an und so manches Stück lässt sich noch eine ganze Weile in der gerade während en Saison tragen. Besonders rentiert sich der Kauf von Markenartikeln. Ob Kleidung, Schuhe, Elektrogeräte oder Sportartikel – bedenken Sie, dass sich der Kauf aber nur dann lohnt, wenn er Sinn macht. Auf Überflüssiges sollten Sie verzichten. Durch den Kauf direkt ab Fabrik kann man 50% und mehr sparen. Im Buchhandel werden verschiedene „Schnäppchenführer" angeboten. Besonders empfehlenswert ist „Der große Einkaufsführer Fabrikverkauf in Deutschland" aus dem Zeppelin Verlag, der Ihnen auf über 600 Seiten bundesweit die Einkaufsmöglichkeiten ab Fabrik aus den wichtigsten Branchen mit genauer Anfahrtbeschreibung aufzeigt.

Sparen beim Einkaufen

Wissen Sie, wo die preiswerteren, bzw. **No-Name-Produkte** im Supermarkt stehen? Sie finden sie in den unteren Regalen. Die teuren Produkte stehen bequem erreichbar in den Regalen in Augenhöhe. Es lohnt sich, sich zu **bücken**!

Stellen Sie einen wöchentlichen **Speiseplan** zusammen und kaufen Sie nur das, was Sie für die Zubereitung brauchen. Richten Sie Ihren Speisezettel nach den Angeboten der Saison aus. Schreiben Sie sich vor jedem Einkauf eine **Einkaufsliste**. Gehen Sie niemals hungrig einkaufen. Das verführt dazu, mit den Augen statt mit dem Verstand einzukaufen.

Obst und Gemüse sind direkt vom **Bauern** oft günstiger und frischer. **Wein** ist direkt vom **Winzer** preiswerter.

Gehen Sie gegen Feierabend auf **Schnäppchenjagd**. Etwa eine Stunde vor Kassenschluss werden viele Waren – z. B. Brot und Brötchen, Wurstwaren, Gemüse und Obst – günstiger verkauft, denn sie müssen raus. Das funktioniert auch auf Wochenmärkten.

Kaufen Sie Fleisch, Käse und Wurst **am Stück**. Die Ware ist preiswerter und hält sich länger frisch. Fragen Sie an der Wurst- und Käsetheke nach Anschnitt- oder Endstücken. Diese kosten weniger.

Vergleichen Sie Preise und Füllmengen auch bei Waren, die Sie **regelmäßig** kaufen. Bei vielen Produkten ist plötzlich weniger drin, aber der Preis ist der alte.

Ob Waschmittel, Geschirrreiniger oder Duschgel: Immer mehr Waren gibt es in **Nachfüllpacks**. Aber auch hier sollten Sie das Verhältnis von Menge und Preis checken.

Getränke sind im Kasten preiswerter als Einzelflaschen. Mithilfe der im Handel erhältlichen Geräte können Sie Sprudel oder Limonaden selbst zubereiten.

Sparen beim Energieverbrauch

Heute kann man unter mehreren Stromanbietern wählen und sich den preiswertesten heraussuchen. Fragen Sie nach, ob die Ökosteuer im Preis enthalten ist. Ermitteln Sie Ihren wöchentlichen Stromverbrauch. Hierfür suchen Sie sich einen bestimmten Wochentag aus, notieren Ihren Zählerstand, schauen genau eine Woche später erneut nach dem Stand und notieren auch diesen. Lassen Sie sich von Ihren **Stadtwerken** eine Tabelle zum durchschnittlichen Stromverbrauch geben und überprüfen Sie Ihr Verbrauchsverhalten. Nachstehend ein paar Tricks, wie man Strom sparen kann.

Beim Backen: Verzichten Sie beim Backen von Kuchen und anderen Gerichten auf das Vorheizen. Es ist bis auf wenige Ausnahmen nicht erforderlich, obwohl es in den Rezepten angegeben ist. Einfach einmal probieren! Schalten Sie den Ofen 5–10 Minuten vor Ende der Garzeit aus und nutzen Sie die Restwärme. Bereiten Sie möglichst zwei Gerichte gleichzeitig im Umluftherd zu. Öffnen Sie die Backofentür nur, wenn es notwendig ist.

Beim Bügeln: Sprengen Sie Bügelwäsche sorgfältig ein oder lassen Sie sie bügelfeucht trocknen. Zu feuchte oder zu trockene Wäsche erfordert längeres Bügeln. Schaffen Sie sich ein Dampfbügeleisen an. Sortieren Sie die Wäsche nach der Bügeltemperatur vor. Wechseln Sie nicht ständig die Bügeltemperatur. Vermeiden Sie längere Arbeitspausen.

Beim Durchlauferhitzer: Stellen Sie das heiße Wasser ganz gezielt ein, wenn Sie es brauchen. Stellen Sie es danach sofort wieder aus. Lassen Sie den Durchlauferhitzer niemals über Nacht eingeschaltet.

Beim Fernsehgerät: Lassen Sie bei Ihrem TV-Gerät die Stand-by-Funktion ausgeschaltet. Denken Sie auch an die Stand-by-Funktion der Stereoanlage, des Videorecorders und des Computers.

Beim Gefrieren: Stellen Sie die richtige Lagertemperatur ein (ca. -18 °C). Frieren Sie die Waren nur in gefriergeeignetem Verpackungsmaterial ein. Stellen Sie das Gefriergerät in einen kühlen, belüftbaren Raum. Öffnen Sie die Tür nur bei Bedarf und lassen Sie diese nicht länger offen als nötig.

Beim Heizen: Haben Sie zugige Fenster oder Türen, bekleben Sie die Rahmen mit Tesamoll. Lüften Sie kurz mit völlig geöffnetem, statt stundenlang mit gekipptem Fenster. Hängen Sie keine schweren Gardinen über den Heizkörper und stellen Sie ihn nicht mit Möbeln zu. Hängen Sie keine nassen Handtücher zum Trocknen über die Heizung. Entlüften Sie den Heizkörper, wenn er gluckernde Geräusche macht. Drehen Sie die Heizung im Schlafzimmer etwas herunter. Sie schlafen besser und sparen Energie. Auch für die Küche gilt: weniger heizen. Trockene Luft muss wärmer sein, um angenehm zu wirken. Daher regelmäßig die Wasserverdunster füllen oder andere, die Feuchtigkeit regulierende Maßnahmen ergreifen.

Beim Kochen: Die Wärmequelle muss der Größe des Kochtopfes entsprechen. Benutzen Sie Töpfe mit leicht nach innen gewölbtem Boden. Kartoffeln oder Gemüse müssen nicht völlig mit Wasser bedeckt sein. Zum Kochen reicht eine kleine Menge Wasser aus. Die Wärmequelle schalten Sie sofort nach dem Kochen zurück und setzen den Deckel auf. Ein Schnellkochtopf reduziert die Kochzeit auf die Hälfte der üblichen Garzeit. Verwenden Sie Töpfe, die sich gut stapeln lassen und probieren Sie das Stapelkochen. Man setzt Topf auf Topf und kocht alles auf einer Wärmequelle.

Schaffen Sie sich einen Eierkocher an. Das ist sparsamer als das Kochen im offenen Topf. Nutzen Sie beim Herd die Nachwärme. Halten Sie den Kaffee nicht auf der Heizplatte der Kaffeemaschine warm, sondern in einer Thermoskanne.

Beim Kühlen: Kaufen Sie einen Kühlschrank, der für den Kleinhaushalt ausreichend ist. Ein zu großer Kühlschrank verbraucht zu viel Energie. Stellen Sie unbedingt die richtige Kühltemperatur ein (ca. 5 °C). Entstauben Sie zweimal jährlich das Gitter an der Rückseite des Kühlschranks. Stellen Sie nur abgekühlte Speisen in den Kühlschrank. Tauen Sie den Kühlschrank regelmäßig ab. Achten Sie darauf, dass der Kühlschrank am richtigen Platz steht. Hohe Umgebungstemperaturen steigern den Ernergieverbrauch, z. B. wenn der Kühlschrank neben dem Herd steht. Öffnen Sie die Tür nur bei Bedarf und lassen Sie diese nicht länger offen als nötig.

Beim Licht: Verwenden Sie Energiesparlampen statt normale Glühbirnen. Dimmer und Halogenlampen verbrauchen übrigens recht viel Energie.

Das liebe Geld

Beleuchten Sie nur die Räume, in denen Sie sich aufhalten. Beleuchten Sie Arbeits-, Bastel- und Leseecken gezielt, damit nicht der ganze Raum ausgeleuchtet werden muss. Helle Lampenschirme verbessern die Reflexion.

Beim Spülen: Werfen Sie den Geschirrspüler nur dann an, wenn er voll ist. Stellen Sie leichtes, empfindliches Geschirr möglichst oben, schweres, stark angeschmutztes unten in den Korb. Stellen Sie gleichartige Bestecke nicht zusammen in den Spülkorb, sondern fächerförmig unsortiert. Setzen Sie so oft wie möglich das Sparprogramm ein. Ersetzen Sie das Klarspülmittel hin und wieder durch Essigessenz. Nur wenn das Wasser hart ist, brauchen Sie Regeneriersalz.

Beim Trocknen: Falls Sie einen Wäschetrockner haben, sollte er in einem gut belüftbaren, kühlen Raum stehen. Am wirtschaftlichsten ist der Ablufttrockner. Die Wäsche sollte vor dem Trocknen so gut wie möglich entwässert – geschleudert – werden. Reinigen Sie das Flusensieb jedes Mal.

Haben Sie einen Kondenstrockner, schütten Sie das Wasser nicht in den Ausguss; verwenden Sie es zum Blumengießen.

Beim Waschen: Nutzen Sie die volle Trommelfüllung. Verzichten Sie auf das Vorwaschen. Nicht zu stark verschmutzte Kochwäsche kann auch mit 60 °C, Buntwäsche mit 40 °C gewaschen werden. Verwenden Sie nur die angegebene Waschmittelmenge, Weichspüler braucht man nicht. Schalten Sie die Maschine sofort aus, wenn sie ausgelaufen ist. Waschen Sie einzelne Wäschestücke von Hand.

Beim Wasser: Duschen ist günstiger als Baden. Ein Wannenbad braucht etwa 114 Liter; einmal duschen nur etwa 45 Liter. Reparieren Sie tropfende Wasserhähne sofort. Bauen Sie eine Spartaste in die Toilettenspülung ein. Lassen Sie beim Zähneputzen nicht das Wasser laufen, sondern benutzen Sie ein Zahnputzglas.

Register

Register

Register

Register

Register

Register

Register